The 20's Manual

The 20's Manual

우태영 지음

20대를
후회 없이
보내고 싶은
사람들을 위한
가이드

BLUE BOOKS MEDIA 천그루숲

프롤로그

2018년 한국에서 출판사를 설립하고, 이후 뉴욕에서 스타트업을 운영하며 지내는 동안 작은 습관 하나가 생겼다. 최소 한 달에 한 번씩, 많으면 주말마다 유니언스퀘어 공원의 북쪽에 있는 반스앤노블 서점에 들러 1층 매대를 둘러보는 일이다. 나의 유년기를 함께했던 반스앤노블은 이제 나에게 트렌드를 파악하는 공간이자 세상을 알려주는 가장 큰 공간이 되었다.

서점 1층에는 많은 책이 표지가 보이게끔 평대에 올려져 있고, 취향에 따라 비슷한 책을 볼 수 있게 분류되어 있다. 나는 비소설·전기·자기계발 분야의 책들을 주로 살펴보는데, 어느 날 한 권의 책이 눈에 띄었다. 《The Defining Decade : Why Your Twenties Matter and How to Make the Most of Them Now》라는 책이었는데, TED 강연의 조회 수가 무려 1,700만을 넘긴 멕 제이(Meg Jay) 교수의 '20대를 위한 지침서'였다. 그 자리에 서서 시간 가는 줄 모른 채 100쪽 정도를 읽다가 책을 사서 집으로 가져와 나머지를 그날 다 읽었다.

그날 밤, 출판사와 저자에게 이 책을 한국에 소개하고 싶고, 어떻게 홍보할지 계획을 정리해 메일을 보냈다. 멕 제이 교수는 바로 답변을 해줬고, 여러 번 메일을 주고받으며 계획이 구체화되었다. 하지만 최종 단계에서 다른 출판사로 판권이 넘어가면서 내가 직접 한국에 그 책을 소개할 기회를 잡지 못했다(국내에는 《인생의 가장 결정적 시기에서》라는 제목으로 2022년에 출간되었다).

이후에도 나는 틈틈이 멕 제이 교수와 연락하며 지냈고, 가끔 주변 친구들에게 책을 선물하고 싶을 때 사인을 요청하기도 했다. 멕 제이 교수의 핵심 메시지인 '인생에서 가장 중요한 순간의 80%는 35세 이전에 일어난다'는 사실을 20대 친구들에게 더 많이 알리고 싶었다.

★

그리고 몇 년 후, 서른을 맞이한 나는 《세상을 공부하다》를 출간했다. 출간 후 가장 즐거웠던 활동은 책의 내용을 소개하는 강연회였는데, 젊은 친구들을 많이 만날 수 있었기 때문이다. 출간을 앞두고 '대학생들을 위한 자리를 만든다면 전국 어디든 무료로 가겠다'는 메시지를 SNS에 공개했는데, 예상치 못하게 많은 학교에서 연락을 받았다. 출간 후 연말까지 한국에서 지냈던 약 4주 동안 20번 이상의 강연을 했는데, 그중 절반은 대학교 캠퍼스에서 진행했다.

대학생을 포함해 20대들과 함께하는 강연은 그들에게 가장 알맞은 이야기를 들려줄 수 있어서 즐겁다. 꿈, 도전, 희망, 미래에 대한 이야기는 유튜브로 얼마든지 접할 수 있기에, 나는 그들의 현재 상황을 직접 듣고 그에 맞춤한 이야기를 공유해 주는 편이다. 그런 내용들이 그들에게 가장 큰 도움이 된다고 느꼈기 때문이다. 그래서 20대들을 대상으로 하는 강연에서는 혼자 말하는 시간을 20분 내로 줄이고, 최대한 많은 시간을 질의응답에 할애한다.

그런데 20대 친구들을 만날 때마다 나도 모르게 같은 이야기를 반복해서 들려주는 내 모습을 발견했다. 한번은 강연이 끝날 무렵 "이 내용을 한 권의 책으로 정리하면 좋을 텐데."라고 말하자, 듣는 친구들도 모두 고개를 끄덕였다. 그 순간 나는 멕 제이 교수의 책이 떠올랐다.

★

'20대에 이 책을 읽었더라면 얼마나 좋았을까?'

내가 제이 교수의 책을 읽고 이렇게 생각한 것처럼, 그런 책을 한 권 쓰기로 결심했다. 지금 이 책을 들고 있는 독자가 20살을 앞두고 있든, 방금 25살이 되었든, 아니면 28살의 끝자락에서 20대의 마지막 1년을 바라보고 있든 상관없이, 조금이라도 더 이 귀한 시기를 의도적이고 목표 지향적으로 살기를 바라는 마음으로 이 글을 쓴다.

우태영

차례

PART 1   배움
Learnings

PART 2
Relationships

관계

PART 3
Skillsets

능력

PART 4
Challenges

도전

PART 1

Learnings

20대, 선택과 배움

어린 시절 잠깐 다녔던 서울의 한 초등학교에서는 받아쓰기 시험을 자주 봤다. 물론 횟수를 따져보면 그리 자주는 아니었을 수 있지만, 옆 친구 사이에 책가방을 올려놓고 빈 종이에 받아쓰기 시험을 본 기억이 아직도 선명하다. 그러고는 다음 날 교실 문 앞에 반 학생들의 이름과 점수가 공개된 종이가 부착됐고, 우리 모두는 떨리는 마음으로 성적을 확인했다.

25년이 지난 지금도 받아쓰기 시험이 기억나는 이유는 시험 점수가 적힌 종이가 교실 문에 부착된 그다음의 경험 때문이다. 우리는 시험 점수대로 자리를 새로 배치받았다. 시험 점수가 가장 좋은 학생이 첫 줄 가장 오른쪽 자리에, 그다음 학생이 그 학생의 왼쪽에, 결국 점수를 가장 낮게 받은 학생은 교실 맨 뒤 가장 왼쪽 자리에 앉게 되었다.

그 당시에 나는 아무런 생각 없이 그저 지정된 자리에 앉았지만, 지금 되돌아보면 너무나 잔인한 경험이었다. 내가 첫 줄에 앉았다고 과연 뒷줄에 앉은 친구보다 더 명석하고, 내가 뒤에 앉았다고 앞에 앉은 친구보다 덜 중요한 존재였을까? 사람들이 "언제부터 우리나라가 경쟁사회가 되고, 남이 잘되는 모습을 배 아파했을까?"라는 질문을 할 때, 내 기억은 받아쓰기 점수로 자리를 배치받았던 초등학교 2학년 교실로 되돌아간다. 내가 더 나은 학생이 되려면 나의 오른쪽에 있는 친구를 이겨서 그를 나의 왼쪽으로 끌어내리고 그의 오른쪽으로 넘어가야 했다.

우리나라의 모든 학교가 그랬는지는 모르겠지만 순위와 점수에 집착하는 환경은 이런 작은 관습에서부터 만들어지지 않았을까 싶다. 우리 사회는 나의 강점을 파악하기보다 상대적으로 누구보다 잘하고 못하고를 끊임없이 증명해 보여야 하는 쳇바퀴에 만 8세가 채 안 된 아이들을 던져 놓는다. 우리는 초등학교 받아쓰기 점수부터 수능 점수와 등급, 그 이후 대학과 취업하는 회사 이름까지 평가받는 연장선에 있다. 이는 결국 심각한 학벌주의와 점수에 집착하는 사회를 만들어 냈다.

★

　나는 학위가 절대 한 사람의 가치를 좌우한다고 생각하지 않는다. 그보다는 우리가 겪어온 치열한 경쟁구조 속에서 나의 길을 찾고, 선택의 폭을 넓히는 것이 매우 중요하다고 믿는다. 다만 이러한 선택은 상위 학교에 진학하는 것이 될 수 있고, 퇴근하고 난 후 저녁과 주말에 시간을 내어 다른 방식으로 공부하는 것이 될 수도 있다.

　이때는 스스로의 가능성을 제한하지 않는 자세가 중요하다. 20대는 아직 많은 기회가 있고, 충분히 새로운 길을 개척할 수 있는 시기다. 지금의 선택과 노력이 앞으로 이어질 기나긴 인생에 큰 영향을 미칠 수 있다.

　하고 싶은 일이 생겼는데 필요한 지식이나 기술이 없다면 지금이라도 늦지 않았다. 더 공부하면 된다. 온라인과 다양한 교육 플랫폼에는 우리가 할 수 있는 공부가 너무나 많다. 배우고자 하는 의지와 그것을 실천하는 실행력이 중요하다. 지금 이 순간부터 스스로에게 투자하자. 하루에 딱 한 시간만 할애해도 괜찮다. 미래의 내가 어떤 모습이었으면 좋겠는지 고민해 보고, 그에 도달할 수 있도록 도와주는 작은 목표를 하나 설정하자. 모든 목표는 실행할 수 있는 구체적인 단계들이 있을 것이다. 그 작은 단계들을 하나씩 밟아보자. 작은 단계에서는 실패한다 해도 스스로가 큰 문제로 만들지 않으면 아무도 알지 못한다.

지금의 작은 경험들이 모여 미래의 큰 자산이 될 수 있다. 그러니 경쟁에 휘말려 남과 비교하지 말고, 스스로의 길을 찾아 나만의 목표를 이루어 나가자. 그리고 모르는 것이 있다면 있는 그대로 인정하고 배움을 선택하자. 미래의 내가 지금의 20대를 되돌아보면 그 용기 있는 선택과 행동을 고마워할 것이다.

20대는 많은 가능성과 기회가 열려 있는 시기다. 이 시기에 무엇을 선택하고 어떻게 배움을 실천하느냐에 따라 미래는 크게 달라질 수 있다. 후회하지 않을 선택들을 하고 배움을 두려워하지 말자.

- **하루 1시간 자기계발 시간 만들기** : 매일 꾸준히 자신에게 투자할 시간을 정하고, 책을 읽거나 새로운 스킬을 배우는 시간으로 활용하자.

- **비교하지 말고 나만의 길 찾기** : 남과의 비교를 피하고 스스로에게 맞는 길을 찾는 것이 중요하다. 나의 미래가 어떤 모습이었으면 좋을지 상상해 보고, 그 길을 만들기 위해 어떤 선택과 행동을 해야 할지 적어보자.

- **필요한 배움을 찾아 시작하기** : 지금 모르는 것 중에 무엇을 배우면 좋을지 생각해 보자. 필요한 지식이나 기술이 있다면 주저하지 말고 온라인 강의나 교육 플랫폼을 통해 찾아보자.

- **목표를 설정하고 구체적인 계획 세우기** : 당장 달성하고 싶은 작은 목표를 하나 설정하고, 그 목표를 이루기 위한 구체적인 단계를 적어보자. 작은 목표들이 쌓여 큰 변화를 가져다줄 것이다.

강점과 약점을
배우는 시기

"내가 만약 세상 사람들의 몸속에 주입할 수 있는 주사약을 만들 수 있다면 자기인식을 깨우칠 수 있는 약을 만들고 싶다."

이 말은 나의 20대에 빼놓을 수 없는 인물인, 내가 출판사를 시작하며 출간한 첫 책의 저자이자 마케팅의 대가인 게리 바이너척(Gary Vaynerchuk)의 말이다. 우연히 본 유튜브 광고 영상 속에서 그를 우러러봤던 대학생은 그의 가장 유명한 베스트셀러 두 권 《크러싱 잇!》과 《부와 성공을 부르는 12가지 원칙》을 번역해 한국에 출간했고, 연락을 주고받는 사이가 되었다.

게리 바이너척이 강조하는 말 중에 나는 '자기인식'이라는 컨셉에 사로잡혔다. 옥스포드 영어사전에서는 'self-awareness'

를 '자신의 성격, 감정, 동기 그리고 욕구에 대한 의식적인 지식(conscious knowledge of one's own character, feelings, motives, and desires)'이라고 설명한다. 즉, '자기인식'이란 자기 자신에 대해 스스로 의식하고 그것을 인지하는 것이다. 자기인식은 개인이 자신의 강점과 약점을 명확히 이해하고, 이를 기반으로 스스로를 발전시킬 수 있는 가장 중요한 첫걸음이다.

20대는 자신에 대해 탐구하고 깨닫는 시기다. 나 역시 20대에 접어들어서야 나 자신에 대해 깊이 고민하게 되었고, 그 과정에서 나의 강점과 약점을 명확히 알 수 있었다. 사실 이 시기는 다소 혼란스럽고 실수와 좌절로 점철되기 쉽다. 하지만 이러한 고민이 쌓이면서 스스로를 더 잘 이해하게 되고, 이를 통해 어떻게 성장할지에 대한 방향성을 잡아갈 수 있다.

★

2010년대 초 미국 실리콘밸리에서는 UI/UX 디자인이 가능한 엔지니어들이 각광받기 시작했다. 개발과 디자인을 동시에 할 줄 알면 그야말로 모든 걸 갖춘 다재다능한 인재로서 주목받았다. 졸업을 앞두고 막연히 취업을 생각하던 나는 '나도 이 길을 가야겠다'는 생각이 머릿속에 강하게 자리 잡았다. 기술과 창의성의 경계를 넘나들며 멋진 결과물을 만들어 낸다는 사실이 정말 매력적이었고, 내가 가야 할 방향처럼 느껴졌다.

나는 곧바로 행동에 옮겼다. 학교에서 컴퓨터공학 수업을 수강하며 프로그래밍에 대한 기초를 다졌고, 방학 동안에는 서울의 한 컴퓨터 디자인 학원에 등록해 디자인을 배우기 시작했다. 학원에서는 포토샵과 일러스트레이터 같은 디자인 툴을 다루는 법을 배웠다. 처음 몇 주 동안은 새로운 것을 배우는 흥분감과 더불어 나도 디자이너의 길에 첫발을 내디뎠다는 성취감이 생겼다. 매일 컴퓨터 앞에 앉아 새로운 기능을 익히고, 연습문제를 풀어나가는 과정은 나름대로 재미있고 도전적이었다. 그 순간만큼은 내가 정말로 디자이너가 된 것처럼 느껴졌다.

하지만 흥미가 지속된 시간은 생각보다 길지 않았다. 수업이 계속될수록 점점 더 많은 디자인 감각이 요구되면서 디자이너의 역할은 단순히 도구를 다루는 것을 넘어 예술적 감각과 심미적인 통찰이 요구된다는 사실을 깨달았다. 형태와 색상의 조화를 이끌어 내는 작업은 그저 기능을 배운다고 되는 것이 아니라 사용자에게 어떤 경험을 제공할지를 고민해야 하는 일이었다.

나는 그런 감각이 부족하다는 사실을 느꼈다. 화면에 무언가를 그려낼 수는 있었지만, 그것이 진정으로 '좋은 디자인'인지 확신이 서지 않았다. 한 달쯤 지나자 나의 고민은 더 커졌고, 수업에서 내 작품을 볼 때마다 한 가지 생각이 떠나지 않았다.

'이걸 정말 계속해야 할까?'

디자인에 대한 감이 없다는 사실은 점점 더 뚜렷해졌고, 과연 이 길을 계속 가는 것이 맞는지 의구심이 커졌다. 나는 스스로에게 솔직해지기로 했다. 디자인이 단순히 재미로 끝날 일이 아니라면, 정말로 깊이 파고들어야 한다면, 그만큼의 시간과 노력을 투자할 만한 가치가 있을까? 내가 내린 결론은 '아니다'였다. 아무리 주변에서 유망하다고 해도, 내가 진정으로 즐길 수 없다면 그 일에 매달리는 건 시간과 자원의 낭비일 수밖에 없다.

결국 나는 학원을 그만두기로 결심했다. 내 디자인 여정은 기초적인 편집을 하는 수준에서 끝이 났다. 나중에 돌이켜보면 너무 빨리 포기한 건 아니었을까 하는 아쉬움도 있었지만, 나 자신에 대해 중요한 사실은 잘 알 수 있었다. 나는 디자인 감각이 부족하며, 그 감각을 억지로 끌어올리는 것은 나에게 맞지 않았다. 이 경험을 통해 나는 나의 약점을 명확하게 알았고, 나의 강점에 더욱 집중하게 되었다.

★

작은 이 경험으로 나는 무언가를 배우고 도전하는 과정에서 자신의 강점과 약점을 아는 것이 얼마나 중요한지 깨달았다. 모든 일을 다 잘할 필요는 없다. 그보다는 나에게 맞는 일을 찾아내고, 그것을 바탕으로 나만의 길을 개척해 나가는 것이 중요하다. 강점에 집중하고, 약점을 보완하는 여정은 20대의 소중한 시간 속에서 반드시 거쳐야 할 과정이다. 나는 디자인을 배우는 과정에서 나의 부족함을 확인했고, 그로 인해 더 나은 선택을 할 수 있었다. 나의 강점에 집중하며, 진정으로 나를 빛나게 하는 길을 찾는 것이야말로 자기인식의 시작이자 성공의 열쇠가 된다.

물론 자기인식은 결코 한순간에 완성되지 않는다. 지속적인 자기반성과 타인과의 상호작용을 통해 점진적으로 발전해 가는 것이다. 자신이 무엇을 잘하고, 무엇에서 어려움을 겪는지 깨달을 때, 비로소 진정한 성장이 시작된다. 자기인식을 키워서 나의 인생을 더욱 풍요롭게 만들어 보자.

자신의 강점과 약점을 솔직하게 파악하고, 이를 바탕으로 자기인식을 높여 보자. 앞으로의 선택과 성장에 큰 도움이 될 것이다.

- **자기진단 해보기** : 검증된 성격유형검사나 심리검사 등을 통해 자신을 알아보자.

- **피드백 구하기** : 믿을 만한 사람들에게 자신의 강점과 약점에 대한 솔직한 의견을 물어보자.

- **다양한 경험 쌓기** : 새로운 분야나 활동에 도전하여 자신의 한계와 가능성을 탐색하자.

- **강점 키우기** : 자신의 강점을 더욱 발전시킬 수 있는 활동이나 교육에 참여하자.

- **약점 보완하기** : 약점을 극복하거나 보완하기 위한 구체적인 방법을 찾아서 실천해 보자.

순수한 만남의
마지막 기회

내 인생의 첫 30년 중에서 가장 큰 행운을 꼽으라면 20대에 얻은 '깨달음'이라고 생각한다. 그 깨달음이란 젊음을 활용하면 많은 사람을 만날 수 있다는 사실이다. 나는 고등학교 때부터 강연 기획을 하며 다양한 리더들과 만났고, 대학생이 되어서도 학생 신분을 원 없이 활용했다. 내가 만나고 싶은 사람들에게 용감하게 연락해 만남을 이뤘고, 참석하고 싶은 굵직한 행사에 학생 신분을 활용해 무료로 입장했다. 덕분에 각종 행사에서 각계의 전문가들을 만나 많은 것을 배웠다. 또 학교 밖에서 다양한 활동들을 하면서 비슷한 또래의 좋은 친구들을 만나 꿈을 나누었다. 이처럼 20대는 젊음이라는 무기로 열 수 있는 문이 너무나 많았다. 나는 이 특별한 시기가 영원하지 않다는 사실을 알고는 한 명이라도 더 만나기 위해 노력했다.

하지만 지금 되돌아보면 그때 내가 놓친 '더 큰 깨달음'이 있었다. 바로 20대는 다양한 또래를 순수하게 만날 수 있는 마지막 기회라는 사실이다.

★

학교라는 작은 사회 속에서 우리는 관심사, 취미, 재능에 따라 친하게 어울리는 친구들이 삼삼오오 나뉘어진다. 축구를 좋아한다면 운동장에서 시간을 많이 보내고, 음악을 좋아한다면 악기를 다루는 친구들과 어울린다. 이런 현상은 대학보다 훨씬 이전인 고등학교, 중학교, 심지어 초등학교에서도 목격할 수 있다.

그렇다면 20대의 가장 큰 장점은 무엇일까? 같은 세대라는 공통점으로 함께 연결되고 쉽게 섞일 수 있다는 점이다. 이 시기에는 다양한 배경과 경험을 가진 친구들과 자연스럽게 교류할 수 있다. 다시 말해 20대라는 시기는 다채로운 인맥을 형성할 수 있는 넓은 그릇과 같다.

시간이 지나 사회생활의 경험이 많아지고 책임이 늘어나면, 대부분의 만남이 업무를 중심으로 이루어지며 이해관계가 얽히기 마련이다. 업무와 직접적인 연결고리가 있는 사람들과 주로 시간을 보내고, 만남도 대부분 일의 연장선에서 이루어진다. 그러다 보면 이익이나 성과를 위한 관계가 많아져서 순수한 교류가 어려워진다. 사람들과 편하게 마음을 공유하지 못하고, 나의 진심보다는 가면을 쓰고 대화하는 경우가 많아진다.

이에 반해 20대의 인간관계는 훨씬 개방적이어서 다양한 기회를 얻을 수 있다. 물론 관심사가 비슷한 사람들과 어울리는 것이 자연스럽지만, 다른 활동을 하는 사람들과도 얼마든지 순수하게 만날 수 있다. 모임이나 활동에 참여할 때도 서로에게 무언가를 얻기 위한 계산적인 관계가 아니라, 함께 취미를 탐구하는 진솔한 교류를 할 수 있다. 이처럼 같은 세대라는 동일한 정체성 아래에서 서로의 차이점을 존중하고 이해하는 경험은 사회에서 다양한 사람들과 소통할 수 있는 능력이 된다.

★

스물세 살 여름방학에 나는 '수요일에 와인 마시는 모임(Wine on Wednesdays)'에 참석했다. 그 모임은 외국인 음식 블로거가 주최했는데 나는 와인도 몰랐고, 무슨 모임인지도 잘 몰랐지만 새로운 사람들을 만나고 싶어서 모임 장소를 찾았다.

그날은 세계 최대 비영리 환경보전기관인 '세계자연기금'이 행사를 함께 진행했는데, 당시 〈비정상회담〉의 출연자이자 세계자연기금의 홍보대사였던 타일러 라쉬가 인사말을 발표했다.

행사 중 타일러와 인사를 나눌 기회가 생겨 그의 전공인 정치외교학과에서는 어떤 공부를 하고 있는지 물었다. 같은 20대이자 학생이라는 신분으로 공부와 관심사에 대해 그 자리에 서서 20분 동안 이야기를 나누었는데, 대화를 마무리해야 하는 사실이 아쉬워 연락처를 주고받은 뒤 따로 만남을 가졌다.

미국에서 컴퓨터공학을 공부하던 한국인 대학생과 한국에서 정치외교학을 공부하던 미국인 대학원생이 만나니 대화가 끊이질 않았다. 서로 자라온 환경, 공부 분야, 뉴스와 시사, 미디어 활동, 강연, 사업 등 서로 겹치는 관심사를 비롯해 전혀 다른 활동까지 할 이야기가 너무 많았다.

이후 우리는 8년 넘게 관계를 이어오며 사업, 컨설팅, 강연, 마케팅 등 많은 분야에서 서로에게 필요한 부분들을 채워주고 공유하고 있다. 물론 서로 친구들을 소개시켜 주거나, 집들이를 하기도 하며 때로는 그저 만나서 이야기만 나눌 때도 있다. 만약 우리가 20대 학생이라는 공통분모 없이 사업적으로 혹은 서로 무언가 성과가 필요해서 이어진 관계였다면 이런 관계를 만들기는 어려웠을 것이다.

★

　20대는 순수한 만남의 마지막 기회이다. 그 기회는 다양한 만남을 통해 얻을 수 있다. 사회생활을 하다 보면 같은 분야의 사람들을 만나 정보를 얻고 조언을 구할 때도 많지만, 나와 완전히 다른 분야에 있는 사람들을 찾는 경우가 훨씬 더 많다. 그래서 20대에 다양한 또래 친구들을 만난 경험은 이후의 삶에서 중요한 자산이 된다. 그들은 단순한 친분을 넘어 나에게 새로운 도전을 권유하거나 내가 몰랐던 세상의 한 부분을 가르쳐 줄 수도 있다. 때로는 예상치 못한 순간에 큰 영감을 주거나 인생의 중요한 길목에서 길잡이가 되어주기도 한다.

　지금 내 주변에 나와 다른 관심사를 가진 사람들을 찾아 만나보자. 예를 들어 IT 분야에서 일하고 있다면 예술이나 법률, 과학 분야에서 일하는 친구들을 만나보는 것이다. 이때 만남은 특정한 목적이나 이익을 추구하기 위해서가 아니라 서로의 다름을 받아들이고 함께 성장할 수 있는 기회로 삼아야 한다. 이러한 관계는 앞으로 맺게 될 그 어떤 관계보다 더욱 견고하고 값질 수 있다.

　다만 이를 단순히 미래에 도움을 받기 위한 '인맥 쌓기'로만 생각하지 않았으면 한다. 나와 다른 성향을 가진 친구들과 꾸준히 교류하면 내가 보는 세상의 크기가 커진다. 서로 다른 관점을 가진 친구들과 대화하면 세상에 대한 시야가 넓어지고, 나 자신도 성장할 수 있다. 새로운 인연은 상상하지 못한 곳에서 내 삶에 깊은 영향을 미칠 수 있다.

내가 전혀 접해 본 적이 없는 분야는 어떤 것이 있을까? 그 분야를 공부하거나 거기에서 일하고 있는 친구를 만나는 방법은 무엇이 있을까? 20대는 다양한 사람들을 순수하게 만날 수 있는 마지막 기회다. 다양한 배경과 관심사를 가진 사람들과 교류하면서 시야를 넓혀 보자.

- **다양한 모임에 참여하기** : 관심 분야뿐만 아니라 전혀 다른 분야의 모임이나 동호회에 참여하여 새로운 사람들을 만나자.

- **새로운 사람들과 교류하기** : 직업이나 생활방식이 다른 사람들과 대화를 나누고 다양한 관점을 접해 보자.

- **지역 행사 즐기기** : 지역에서 열리는 축제, 공연, 전시회 등에 적극적으로 참여해 교류의 폭을 넓히자.

- **해외 경험 쌓기** : 여행이나 해외 봉사활동, 워킹홀리데이 등에 도전해 글로벌 인맥을 쌓아보자.

- **진솔한 대화 나누기** : 선입견 없이 사람들을 만나고 깊이 있는 대화를 통해 서로를 알아가자.

상대를
평가하지 말자

20대가 되면 다양한 사람들을 만난다. 이때 서로 다른 배경과 목표를 가진 사람들이 한자리에 모이면 자연스럽게 서로를 비교하고 평가하는 순간들이 생긴다. 누군가는 목표를 달성하기 위해 열심히 일하고, 누군가는 다양한 도전을 하며 새로운 경험을 쌓는다. 또 다른 누군가는 아직 자신의 길을 찾지 못해 여러 직업을 전전하거나 방황하는 모습을 보이기도 한다. 이렇게 드러나는 차이들을 보면서 자기도 모르게 사람들을 평가하고, 때로는 그들의 미래를 가볍게 예측하기도 한다.

　하지만 눈앞에 보이는 모습만으로 사람을 판단하는 일은 매우 위험하다. 지금 눈에 띄지 않는다고 해서 그 사람이 앞으로도 계속 그렇게 살아갈 거라고 확신할 수 없다. 취업에는 전혀 관심을 보이지 않고 아르바이트만 하는 친구가 어느 날 생각지도 못했던 커리어를 만들 수도 있다. 그 친구에게 아르바이트는 시간 낭비가 아니라 업계와 시스템에 대한 경험과 인맥을 쌓는 시간이었을 수도 있기 때문이다. 꾸준히 무언가를 해나가는 사람은 절대 한 자리에 머무르지 않는다. 오히려 그 경험들이 쌓여 어느 순간 예상치 못한 성장을 이루어 큰 역할을 맡을 수도 있다.

★

우리는 서로가 서로에게 어떤 영향을 미칠지 알 수 없으며, 또한 누가 언제 어떻게 성장할지 예측할 수 없다. 지금은 비슷한 나이대와 환경 속에서 비슷한 경험을 하는 것처럼 보이지만, 앞으로의 인생은 어떻게 전개될지 아무도 모른다. 그리고 지금 나와는 다른 길을 걷고 있다고 해서 그 길이 틀렸다고 판단할 수 없고, 그 길이 어떤 성과로 이어질지 예단할 수 없다. 20대는 다양한 시행착오를 겪으며 자신의 길을 찾아가고, 그 과정에서 각자의 속도와 방식으로 성장한다. 중요한 점은 각자 자신의 자리에서 어떤 방식으로든 자신이 원하는 방향으로 꾸준히 노력하고 있다는 사실이다. 그러므로 자신의 길을 찾기 위한 노력을 서로 존중하고 지지해야 한다.

★

꾸준히 무언가를 열심히 하는 사람들은 시간이 지나면서 반드시 그에 상응하는 기회를 마주하게 된다. 이들은 작은 일이라도 진지하게 임하고, 경험을 통해 배운 것을 자신에게 맞는 방식으로 발전시켜 나간다. 그러므로 상대방을 함부로 평가하지 않도록 스스로를 다잡아야 한다. 상대방의 현재 위치나 성과에 집중하기보다는 그들의 잠재력과 앞으로의 가능성에 마음을 열어두길 바란다. 지금 누가 더 잘나가고, 누가 뒤처지는지에 대해 너무 많이 의미를 부여하지 말자. 대신에 각자가 자신의 속도에 맞춰 성장해 나갈 수 있도록 응원하고, 서로의 여정을 존중해 주자. 그저 자기 자리에서 최선을 다하며, 지금 눈앞에 보이는 차이로 평가하기보다는 서로를 응원하고 격려하는 모습을 보이자.

다른 사람과 자신을 비교하지 말고, 자신의 길에 집중하면서 타인의 선택을 존중하자. 함께 성장하는 태도를 가지는 것이 중요하다.

- **자신만의 목표 설정하기** : 남이 아닌 자신의 가치관과 목표에 따라 삶의 방향을 정하고 집중하자.
- **꾸준히 자기계발하기** : 어제의 자신보다 오늘의 내가 더 나아질 수 있도록 노력하자.
- **타인의 선택 존중하기** : 다른 사람의 길을 판단하거나 평가하지 말고, 그들의 노력을 인정하자.
- **비교에서 벗어나기** : SNS 사용을 줄이고, 남과의 비교에서 오는 스트레스에서 벗어나자.
- **협력적인 관계 맺기** : 경쟁보다는 협력을 통해 서로에게 긍정적인 영향을 주는 관계를 만들어 보자.

대학 생활의
가장 큰 후회

강연장에서 만나는 많은 학생이 나에게 대학 시절을 되돌아 봤을 때 무엇이 가장 후회되는지 물어본다. 이 질문에 대한 나의 답은 항상 명확했다.

"교수님들과 친해지지 못한 거요."

대학 시절에 나는 학교 밖에서 여러 가지 활동에 집중하느라 정작 대학 생활 자체를 원하는 만큼 열심히 하지 못했다. 그중에서도 크게 중요치 않게 생각했던 것이 바로 교수님들과의 관계였다. 그때는 그 관계가 그렇게 중요한지 몰랐지만, 지금 돌아보면 내 대학 시절의 가장 큰 실수였다.

★

교수님들은 지식을 전달하는 사람 그 이상이다. 그들은 각자의 분야에서 오랜 시간 쌓아온 경험과 인사이트를 가진 전문가들이며, 우리에게 전달하는 깊은 지식뿐만 아니라 실무적인 조언도 나누기 좋아한다. 그러나 많은 학생이 교수님은 그저 성적을 올리기 위한 관계로만 생각하고, 수업이 끝나면 그 관계도 끝이라고 여긴다.

교수님과 친해지면 수업에서 가르친 이론들이 실제 현업에서 어떻게 적용되는지, 혹은 변화하는 업계의 트렌드에 맞춰 어떻게 변형되고 있는지 개인적으로 들을 수 있다. 이는 책에서는 얻을 수 없는 살아 있는 지식이며, 학생들에게는 매우 귀중한 자산이 될 수 있다.

교수님과 대화하면 인생의 방향과 진로에 대해 깊이 있는 조언도 받을 수 있다. 그 조언은 학생들이 가지고 있는 편견을 깨뜨리고, 더 넓은 시야로 세상을 바라보게 만드는 계기가 되기도 한다. 또한 교수님과의 관계는 학생의 미래 커리어에도 큰 영향을 미칠 수 있다. 많은 교수님은 학계뿐만 아니라 실무에서도 풍부한 경험을 가지고 있어서 인맥이 넓다. 그들의 네트워크는 학생들에게 인턴십이나 취업의 기회를 제공하기도 한다. 교수님의 추천은 기업이나 연구소에서도 신뢰할 수 있는 평가로 받아들이며, 특히 취업 준비 과정에서 큰 힘을 발휘하므로 더 나은 기회를 잡는 데 도움을 준다.

이는 대학생들에게만 해당되는 이야기가 아니다. 이미 졸업했거나 대학에 가지 않았더라도, 20대는 삶에서 멘토의 중요성을 잘 알고 있다. 교수님들을 포함해 선배나 전문가들은 학업뿐만 아니라 인생의 여러 선택에서 깊은 영향을 미치는 멘토가 될 수 있다. 그들은 20대가 아직 겪어보지 못한 상황에 대한 통찰력과 경험이 풍부하며, 20대가 가지고 있는 편견을 깨뜨리고 더 넓은 시야로 세상을 바라보게 만드는 계기를 제공해 줄 수 있다.

★

대학생이라면 교수님들과 친해지는 일은 어렵지 않다. 수업에 적극적으로 참여하고, 수업이 끝난 후에도 궁금한 점이 있으면 메일을 통해 질문을 던지거나, 교수님을 찾아가 이야기를 나누어보자. 교수님들은 학생이 관심을 가지고 다가올 때 대부분 긍정적으로 반응하며, 자신이 아는 것을 기꺼이 나누고자 한다. 이러한 대화는 단순히 지식을 주고받는 것을 넘어 인간적인 교류로 이어질 수 있다. 그 과정에서 학생들은 더 많은 것을 배울 수 있고, 교수님들도 자신의 지식과 경험을 전달하며 보람을 느낄 수 있다.

또한 대학원 진학이나 학계에 진출하고자 할 때, 교수님의 추천서는 매우 중요한 역할을 한다. 이는 단지 입학을 위한 형식적인 절차를 넘어서 교수님의 평가가 입학 심사 자체에 큰 영향을 미친다. 지금 당장 대학생일 때는 모를 수 있지만, 언젠가 대학원 진학을 희망하는 시기가 올 수도 있다. 그때 그 관계를 가진 학생과 가지지 못한 학생의 차이는 너무나 크다.

나아가 다른 학문적 기회나 연구 프로그램에 지원할 때에도 교수님의 추천은 중요한 역할을 한다. 교수님들은 학생들의 연구 능력과 학문적 열정을 평가할 수 있는 위치에 있으므로, 그들의 추천은 학생들에게 새로운 학문적 기회를 열어줄 수 있다. 이처럼 교수님들과의 관계는 단순히 학부 시절의 인연에 그치지 않고, 평생에 걸쳐 이어질 수 있다.

★

교수님들과의 관계를 소홀히 하지 말고, 그들과의 교류를 통해 더 많은 것을 배우고 성장해 나가길 바란다. 이것이 바로 내가 대학 시절에 놓쳤던, 그러나 가장 중요했던 기회였다. 지금 이 책을 읽고 있는 여러분은 내가 놓친 기회를 아직 잡을 수 있다면 그 기회를 꼭 붙잡기 바란다.

이미 대학을 졸업했거나 대학 교수와의 관계를 맺을 기회가 없었다고 해도 실망할 필요는 없다. 우리 주변에는 언제나 배울 수 있는 멘토나 선배들이 존재하며, 다양한 경험과 지혜를 가진 사람들과 교류하면 계속 성장할 수 있기 때문이다. 직장, 동호회, 봉사활동 등 다양한 공간에서 적극적으로 사람들과 교류하며 지식을 나누고 인생의 방향을 모색해 보자. 지금이라도 주위의 멘토나 선배들에게 다가가 그들의 이야기를 듣고 조언을 구한다면, 그 관계는 앞으로의 인생에서 큰 자산이 될 것이다.

교수님은 지식 전달자 이상의 존재다. 그들과의 관계를 통해 더 깊은 지식과 인생의 조언을 얻을 수 있다. 교수님들과 친해지면 나의 미래에 큰 도움을 받을 수 있다.

- **수업에 적극적으로 참여하기** : 질문을 하고 의견을 나누며 수업시간에 활발히 참여하자.
- **캠퍼스 접근성 활용하기** : 교수님이 연구실에 언제 계신지 파악하고 약속을 잡은 후 꾸준히 찾아가 궁금한 점을 물어보고 대화를 나누자.
- **이메일로 소통하기** : 수업 내용이나 진로에 대한 질문을 이메일로 보내고, 만나서 대화를 나눌 수 있도록 유도하자.
- **감사의 마음 전하기** : 수업 후 감사 인사를 전하거나 문제가 되지 않을 작은 선물(커피 한 잔, 케이크 한 조각 등)로 고마움을 표현하자.

멘토 풀을
만들어라

많은 사람이 인생에서 멘토를 찾으려 애쓰며, 그 사람의 조언이 모든 해답이 되어줄 것이라 기대한다. 그러나 그것만큼 위험한 생각은 없다. 멘토 역시 한 명의 개인에 불과하며 불완전한 존재이다. 멘토를 완벽한 지식의 화신으로 믿을 때가 많지만, 그들 역시 다양한 경험과 관점을 가진 한 사람일 뿐이다. 그렇기에 각각의 분야에서 다양한 멘토를 만나 나만의 멘토 풀을 구축하는 것이 중요하다. 멘토 풀을 가지면 다양한 의견을 듣고, 스스로 결정을 내리는 데 필요한 균형감을 가질 수 있다.

★

　얼마 전 새로운 사업 아이템을 고민하며 두 명의 멘토에게 조언을 구한 적이 있다. 첫 번째 멘토는 A라는 방향이 잘못되었다며 B를 추천했고, 두 번째 멘토는 B는 무모하다며 A를 추천했다. 두 멘토 모두 존경하는 분들이었지만, 그들의 의견은 극명하게 달랐다. 이때 나는 아무리 훌륭한 멘토라도 그들이 나의 상황을 완전히 이해할 수 없다는 사실을 깨달았다. 이 경험을 통해 최종 결정은 스스로 내려야 한다는 사실과 한 명의 멘토에 의존하기보다 다양한 멘토를 두어 나만의 멘토 풀을 형성해야 한다는 것을 배웠다.

　멘토마다 각기 다른 관점과 경험을 통해 조언을 제시하지만, 그 조언 역시 개인의 경험과 시각에 근거한다. 그렇기에 멘토의 조언을 받아들일 때, 그 조언이 나의 상황에 얼마나 적합한지를 판단할 필요가 있다. 멘토는 우리의 결정을 돕는 중요한 역할을 하지만, 그들의 조언이 정답일 수는 없다. 다양한 관점을 통해 더 넓은 시각을 가지는 것이 중요하다.

★

　멘토 풀을 형성하는 일은 단순히 여러 명의 멘토를 두는 것을 넘어, 다양한 의견을 수집하고 분석하며 스스로 판단력을 기르는 과정이다. 예를 들어 나의 멘토 중에는 비즈니스, 마케팅, 그리고 인간관계에 뛰어난 분들이 있다. 그들은 각자의 분야에서 유용한 조언을 제공하지만, 때로는 의견이 상충되기도 한다. 그럴 때마다 나는 모든 조언을 종합적으로 고려해 나의 상황에 맞게 재해석하여 최선의 결정을 내렸다. 이런 과정이 반복될수록 더 큰 자신감을 얻게 되었고, 멘토들의 조언을 더욱 가치 있게 활용할 수 있었다.

우리는 종종 자신과 비슷한 생각을 가진 사람들의 의견에만 집중하려는 경향이 있다. 하지만 다양한 멘토를 두면 다양한 가치관과 사고방식을 통해 편견을 깨고 더 넓은 세상을 보게 된다. 이런 경험들은 단순히 하나의 조언이 아니라 나 자신을 성장시키고 더 나은 의사결정을 하게 만드는 자산이 된다.

★

멘토 풀을 만들 때는 멘토의 타이틀이나 업적보다 그들의 가치관과 철학이 나와 얼마나 맞는지를 고려하는 것이 중요하다. 멘토는 단순히 지식을 전달하는 사람이 아니라 나의 가치와 목표를 이해하고 함께 나아갈 수 있는 파트너이다. 단순히 성공한 사람이라는 이유만으로 멘토를 삼기보다는 나의 성장에 진정으로 관심을 가지는 사람을 멘토로 삼아야 한다.

또한 멘토와의 관계는 일방적인 지도가 아니라 상호작용이 필요하다. 그래서 멘토의 조언을 무조건 받아들이기보다는 의문을 제기하고, 그들의 생각을 깊이 이해하려는 노력이 필요하다. 그 과정에서 멘토와의 관계는 더욱 깊어지며 더 많은 것을 배우게 된다. 멘토의 조언이 항상 정답이 아닐 수 있다는 점도 기억하자.

멘토는 결코 완벽한 사람이 아니다. 그들도 실패를 경험하고 실수하며 배움을 얻은 사람들이다. 그렇기 때문에 멘토를 절대적인 권위자가 아니라 나와 같은 고민과 도전을 겪어본 선배로서 바라보는 시각이 중요하다.

멘토의 조언을 통해 다양한 가능성을 엿보고, 그중 어떤 것이 나에게 맞는지 스스로 판단할 수 있는 능력을 길러야 한다. 멘토들의 조언은 방향을 제시할 뿐, 그 길을 걷는 것은 나의 몫이기 때문이다. 멘토 풀을 통해 나만의 지혜를 모으고, 다양한 의견을 통해 나만의 길을 개척해 나가자.

한 명의 멘토에 의존하지 말고, 다양한 분야의 멘토들을 만나며 나만의 멘토 풀을 만들자. 여러 의견을 듣고 스스로 판단하는 능력을 길러야 한다.

- **다양한 분야의 사람들과 연결하기** : 관심분야 외에 다른 분야의 전문가들도 만나보자.

- **멘토링 프로그램 참여하기** : 학교나 기관에서 제공하는 멘토링 프로그램에 적극적으로 참여하자. 이때 참여하는 멘토가 특정 분야에 대한 깊은 경험이 있어서 현실적인 조언을 해줄 수 있는 인물인지 확인하자.

- **온라인 네트워킹 활용하기** : 링크드인 프로필을 만들어 지금까지 알게 된 사람들과 모두 연결하고, 다른 전문적인 온라인 네트워킹 플랫폼을 통해 멘토를 찾아보자.

- **정기적으로 소통하기** : 멘토들과 꾸준히 연락을 주고받고 소식을 전하며 관계를 유지하자.

- **조언을 비판적으로 수용하기** : 멘토들의 의견을 듣고, 나의 상황에 맞게 판단하자.

항상 공부를
해야 하는 이유

2016년 봄, 나는 학교를 휴학하고 뉴욕에서 열리는 한인대학생컨퍼런스(Korean American Students Conference, KASCON)의 기획자로 한 학기를 보냈다. 1987년 프린스턴대학교에서 시작된 이 컨퍼런스는 한인 대학생들에게 큰 의미가 있었던 연례행사였지만, 2013년 이후 중단된 상태였다. 이 행사를 다시 부활시켜 달라는 제안을 받았을 때, 나는 강한 사명감을 느꼈다. 과거의 인지도에 기대지 않고, 완전히 새로운 행사를 만들겠다는 각오로 준비에 나섰다.

당시 인지도가 높은 한인 리더들과 브랜드 대표들을 섭외해 화려한 연사 명단을 구성했고, 다양한 워크숍과 공연을 포함한 다채로운 프로그램을 기획했다. 그 결과, 미국 전역에서 300명 이상의 한인 대학생들이 참석해 성공적으로 행사를 개최할 수 있었고, KASCON은 이후에도 매년 성황리에 이어지고 있다.

행사는 성공적으로 기획했지만, 나는 그 과정에서 큰 어려움을 겪었다. 바로 돈 관리가 문제였다. 컨퍼런스를 준비하면서 수천만 원 규모의 비용과 현금흐름을 관리해야 했지만, 당시 나는 재무관리에 대한 이해가 거의 없었다. 수익과 지출을 어떻게 체계적으로 관리해야 하는지 전혀 몰랐다. 그래서 대부분 문서나 메모장에 간단히 정리했고, 결국 체계적이지 못한 돈 관리로 인해 여러 차례 어려움을 겪었다. 자금이 어디에서 들어오고 어디로 빠져나가는지 제대로 관리하지 못해 긴급하게 해결해야 하는 상황도 여러 번 맞닥뜨렸다.

★

이런 경험은 왜 재무관리를 배워야 하는지를 알게 해 주었다. 결국 복학한 후 4학년이 되어서야 돈의 흐름을 알기 위해 재무회계 수업을 들었다. 그때 들었던 수업이 'Introduction to Financial Accounting', 즉 회계입문 수업이었다. 1학년들을 대상으로 하는 이 수업은 나에게 아주 특별한 경험을 주었다. 신입생들과 함께 앉아 있으려니 다소 어색했지만, 회계를 처음부터 배우면서 재정에 대한 무지를 하나씩 해소할 수 있었다.

이 수업을 통해 재무제표를 읽는 방법과 돈의 흐름에 대한 기본 원리를 배웠다. 수익과 비용의 개념, 자산과 부채의 차이, 그리고 현금흐름 관리의 중요성을 배우면서 돈의 움직임에 대한 큰 그림을 그릴 수 있게 되었다. 지금 되돌아보면 이 수업은 내가 대학 시절 들었던 모든 수업 중에서 가장 실질적이고 유익한 수업이었다. 단순히 학문적 지식이 아닌 내 일상과 사업에 바로 적용할 수 있는 지식을 얻었기 때문이다.

수업에서 배운 재무제표 분석과 기본적인 회계지식은 그 후 내가 어떤 일을 하든 필수적인 도구가 되었다. 컨퍼런스를 기획하거나 사업을 운영하면서 큰 자금을 다룰 때나 작은 프로젝트를 관리할 때도 내가 무엇을 해야 하고, 어떤 부분을 주의 깊게 살펴봐야 하는지 명확히 알 수 있었다. 이러한 회계 관련 지식은 사회생활에 큰 자신감을 주었고, 앞으로도 어떤 도전을 하든 든든한 기반이 되어줄 것이라는 확신이 들었다.

물론 나는 대학에서 이 수업을 들었지만, 이런 배움은 누구나 어디서든 접할 수 있다. 요즘은 온라인에 넘쳐나는 교육 콘텐츠 덕분에 꼭 학교에서 배우지 않아도 된다. 온라인이나 오프라인에서 제공되는 다양한 강의를 수강하거나, 관련 서적을 통해 필요한 모든 정보를 스스로 학습할 수 있다. 다만 배우고자 하는 의지와 필요성을 체감하는 것이 중요하다.

★

2020년에 코로나 팬데믹이 시작된 후 내가 미국의 병원비를 검색하는 검색엔진을 만들겠다는 사업 아이디어를 떠올렸을 때, 그때까지 나는 미국 병원의 청구서가 어떻게 책정되는지 전혀 알지 못했다. 그래서 몇 달 동안 두꺼운 교과서부터 전문가들의 책들을 읽으며 미국의 병원비용시스템이 어떻게 작동하는지 공부했다. 그리고 좀 더 나아가 환자들이 어떻게 요금을 부과받는지 이해하기 위해 미국의 건강보험제도를 공부하게 되었고, 지속적으로 공부한 끝에 뉴욕주 건강보험중개사 자격증까지 취득했다. 이 과정을 거친 이유는 나에게 필요한 것이 무엇인지 알았기 때문이며, 이 자격증은 내가 사업을 하는 데 조금이나마 신뢰성을 부여해 주고 있다.

★

진정한 배움은 단순히 누군가가 중요하다고 말해서가 아니라 스스로 그 필요성을 절실하게 느꼈을 때 비로소 시작된다. 나 역시 돈 관리의 필요성을 절감한 뒤 회계입문 수업을 들으면서 나의 약점이 강점으로 바뀌는 과정을 경험했다. '필요성을 체감하고 배우는 것'이야말로 우리가 진정으로 성장할 수 있는 방법이다.

결국 자신에게 무엇이 필요한지 인식하고, 그것을 배우는 데 시간을 투자하는 것이 중요하다. 그 과정에서 나의 약점이 무엇인지 명확히 깨닫고, 그것을 보완할 수 있는 지식을 얻는 것이야말로 20대에 꼭 해야 할 중요한 과제이다. 회계입문 수업에서의 경험은 단순히 학점 이상의 가치를 주었고, 현재도 내가 하는 모든 일에 긍정적이고 실질적인 영향을 미치고 있다.

공부가 왜 필요한지 스스로 깨닫고 배우면 학습동기가 더욱 강해진다. 필요성을 체감하면 공부가 즐거워진다.

- **명확한 목표 설정하기** : 공부를 통해 이루고 싶은 목표를 구체적으로 정하자.
- **실제 경험과 연결하기** : 배운 내용을 실제 생활이나 관심 분야와 연결해 보자.
- **부족한 부분 집중 학습하기** : 자신이 약하다고 느끼는 부분을 보완하기 위해 노력하자.
- **인턴십이나 현장 체험 참여하기** : 실무 경험을 통해 배움의 필요성을 직접 느껴보자.

PART 2

관계

Relationships

나와 안 맞는 사람을 대하는 방법

청소년기를 거치면서 우리는 많은 사람을 만나지만, 대부분은 학교나 학원 같은 작은 공동체 안에서 관계를 맺는다. 그 시기에는 매일 마주해야 하는 사람들과 어떻게 지낼지에 대해 내가 선택할 수 있는 것이 별로 없다. 예를 들어 맞지 않는 사람을 어떻게 대할지 배울 기회도 없고, 그저 참아내며 지내는 경우가 많다.

하지만 20대가 되면 상황은 달라진다. 내가 속한 세상이 이전보다 훨씬 더 커지고, 어울리는 사람도 고를 수 있는 기회가 많아진다. 또 맞지 않는 사람들을 만날 때 어떻게 해야 하는지도 결정해야 한다.

★

대학생들과의 강연회에서 질문을 받았다. 많은 사람을 만나면서 좋은 분들도 있었겠지만, 그렇지 않은 사람들과는 어떻게 관계를 맺는지 궁금해했다. 나는 이렇게 답했다.

"나에게 호의적이지 않은 사람과는 관계를 맺지 않으려 합니다."

이미 나에게 충분히 호의적인 사람들도 많기 때문에 나는 굳이 맞지 않는 사람들과 억지로 관계를 이어갈 필요가 없다고 생각한다. 그 사람과 맞지 않는다고 느끼면 그가 아무리 유명하고 명성이 높아도 결국엔 도움이 안 될 거라는 사실을 경험으로 안다. 그보다는 나에게 맞는 다른 사람을 찾는 편이 더 낫다.

세상은 넓고 사람은 많다. 또 유명세는 시간이 지나면서 변할 수 있기에 나는 그 사람의 유명세나 영향력보다는 함께 일하고 싶고, 좋은 에너지를 나눌 수 있는 사람들과 관계를 우선해서 맺는다.

나는 처음 만나는 누구에게나 친절하고 존중하려고 노력한다. 그러나 상대가 나에게 친절하지 않고 존중을 보여주지 않는다면, 내가 굳이 나의 에너지를 소모해 가며 잘 대해 줄 필요는 없다고 생각한다. 그렇다고 나도 불친절하게 대한다면 내 시간과 에너지를 낭비하는 일일 뿐이다. 이런 경우에는 그 사람을 굳이 상대하지 않는 환경을 만들면 된다. 많은 사람이 벗어나기 어렵다고 느끼는 환경도 한발 물러서서 보면 생각보다 쉽게 벗어날 수 있는 경우가 많다.

우리는 종종 지금 알고 있는 사람들이 내 세상의 전부라고 착각한다. 하지만 5년 전, 10년 전에 내 세상의 전부였던 사람들이 지금은 그렇지 않은 것처럼, 5년 후에도 지금의 사람들과 함께할 거라고 장담할 수 없다.

맞지 않는 사람을 대하는 최선의 방법은 그들을 상대하지 않는 것이다. 내가 꼭 그 사람과 관계를 유지해야 하는지, 혹은 그 사람과의 관계가 내 삶에 어떤 의미를 지니는지 곰곰이 생각해 보자. 때로는 그 관계를 유지하지 않는 것이 나의 삶을 더 편안하게 만들 수 있다. 만약 그 사람이 나의 직장 동료나 사업 파트너처럼 피할 수 없는 관계라면 최소한의 의무적인 관계만을 유지하며 감정 소모를 줄이는 편이 좋다.

★

우리는 많은 사람을 알고, 인맥을 넓히는 것이 중요한 시대에 살고 있다. 하지만 그것보다 더 중요한 가치는 내가 진정으로 원하는 사람들, 나에게 긍정적인 영향을 미치는 사람들과 관계를 맺는 것이다. 함께 일하고 싶은 사람들, 마음이 맞는 사람들, 그리고 나에게 좋은 에너지를 주는 사람들과의 관계를 강화하는 일이 진정한 네트워킹이다. 반대로 안 맞는 사람과 억지로 관계를 유지하면 오히려 나의 에너지를 소모하게 하고, 나의 삶에 부정적인 영향을 미칠 수 있다.

우리는 원하는 사람들과 관계를 맺을 자유가 있으며, 맞지 않는 사람들과의 관계는 과감히 정리하는 용기도 필요하다. 눈앞의 이익이나 상대의 유명세 때문에 불편한 관계를 억지로 이어간다면, 이런 관계는 장기적으로 봤을 때 도움보다는 오히려 부담이 될 수 있다. 사람들과의 관계는 상호보완적이어야 하며 서로에게 긍정적인 영향을 주고받아야 한다.

★

미국 건국의 아버지 중 한 명인 벤저민 프랭클린은 적대적인 관계에 있던 한 라이벌 정치인과 친분을 쌓기 위해 그 사람에게 희귀한 책 한 권을 빌려달라고 요청했다고 한다. 라이벌은 그 부탁을 들어주었고, 프랭클린이 감사의 뜻을 전하며 책을 돌려준 후 두 사람의 관계는 눈에 띄게 개선되었다. 프랭클린은 누군가에게 부탁을 하면 상대방이 자신이 가치 있고 유능한 사람이라고 느끼기 때문에 오히려 또 다른 호의를 베풀 가능성이 더 크다고 결론지었다. 이러한 효과를 심리학에서는 '벤저민 프랭클린 효과'라고 부른다.

★

　나는 관계에서 '부탁하기'가 중요하다고 생각한다. 부탁을 받는 것도, 그리고 부탁을 하는 것도 서로의 관계를 돈독하게 만들 수 있는 기회다. 나는 가까워지고 싶은 상대에게 함께 커피 한 잔을 하거나 식사를 하며 조언을 얻거나 그들의 이야기를 들을 수 있는 시간을 내어달라는 부탁을 한다. 그리고 이렇게 편안한 부탁이라면 나 역시 기꺼이 들어주려고 노력한다. 이렇게 서로 돕는 관계가 더 큰 신뢰를 만들고, 나중에 내가 도움을 필요로 할 때 자연스럽게 도움을 받을 수 있는 토대가 된다. 하지만 부탁을 하는 것도, 들어주는 것도 상대가 나와 맞지 않는다면 오히려 서로에게 부담이 될 뿐이다.

　결국 사람과의 관계에서 '선택'이 가장 중요하다. 우리는 누구와 관계를 맺을지, 그리고 누구와의 관계를 끊을지 선택할 수 있다. 이 선택의 과정에서 내가 더 편안하고, 나에게 더 이로운 방향으로 관계를 정리해 나가야 한다. 나에게 호의적이지 않은 사람과는 굳이 깊은 관계를 맺지 않아도 된다. 인생은 길고, 그 길에서 만나는 사람은 많다. 맞지 않는 사람들과의 관계에서 벗어나 나에게 긍정적인 에너지를 주는 사람들과 더 많은 시간을 보내자. 이런 태도가 궁극적으로 나의 삶을 더 행복하고 충만하게 만들 수 있다.

사람들과의 관계는 우리의 삶에 큰 영향을 미치고, 그것을 어떻게 관리하느냐에 따라 인생의 방향이 달라질 수 있다. 나와 맞지 않는 사람들과의 관계를 억지로 이어가기보다는 나의 에너지를 지키고 나에게 진정으로 도움이 되는 사람들과 관계를 맺어가는 지혜를 발휘하자.

- **거리 두기 연습하기** : 불편한 사람과는 필요한 부분만 최소한으로 소통하자. 답장이 조금씩 늦어져도 괜찮고, 그 사람과 꼭 시간을 함께 보낼 필요는 없다.
- **나의 감정 존중하기** : 상대에게 불편함을 느낀다면 그 감정을 무시하지 말자. 내가 왜 이런 감정이 드는지 생각하고, 그 이유가 과연 사라지거나 고쳐질 수 있는지 고민해 보자.
- **에너지 관리하기** : 정신적 에너지를 소모하는 관계는 정리하자.
- **긍정적인 관계 강화하기** : 좋은 사람들과 더 많은 시간을 보내며 관계를 깊게 만들어 가자.
- **새로운 인연 찾기** : 새로운 모임이나 활동에 참여하여 나와 맞는 사람들을 만나보자.

다른 목표를 가진
친구들과의 관계

청소년 시절에 우리는 비슷한 관심사와 목표를 공유하며, 같은 교실에서 수업을 듣고 같은 건물에서 생활했다. 전공이라는 개념 없이 친구들과 함께 모든 것을 배우고 경험했다. 그러나 20대가 되면 상황은 달라진다. 우리는 각자의 전공이나 관심 분야에 따라 서로 다른 길을 걷기 시작한다. 어떤 친구는 특정 분야의 전문자가 되고, 또 다른 친구는 전혀 다른 방향으로 나아가며 자신만의 길을 개척해 나간다.

이처럼 다들 자신만의 전문성을 쌓아가며 분주한 시간을 보내다 보면, 자연스럽게 나와 같은 일을 하고 같은 관심사를 가진 사람들과 더 많은 시간을 보내게 된다.

특정 분야에서 일하거나 공부할 때, 그 분야의 동료·선배들과의 교류는 물론 중요하다. 이들은 나와 같은 용어를 사용하고, 비슷한 문제에 직면하며, 같은 목표를 공유하기에 서로에게 큰 도움과 지지를 줄 수 있다. 이들과의 관계는 내가 전문성을 키우고, 그 분야에서 더 나은 성과를 내는 데 중요한 역할을 한다. 하지만 그렇다고 해서 나와 다른 전공이나 관심사를 가진 친구들과의 관계를 놓아 버려서는 안 된다. 오히려 이들은 내가 보지 못하는 세상을 보여주고, 나의 시야를 넓히는 데 도움이 될 수 있기 때문이다.

★

사회에 나가면 다양한 분야의 사람들과 협력해야 하는 상황이 많이 발생한다. 내가 특정 분야에서 일하더라도 다양한 배경과 전문성을 가진 사람들과 함께 협력하고 소통해야 하는 순간은 반드시 온다. 특히 창업을 하거나 작은 스타트업에 합류하게 되면 더더욱 그렇다. 스타트업에서는 다양한 역할을 맡은 사람들이 하나의 팀이 되어 공동의 목표를 향해 나아가야 하기에, 서로의 전문성을 존중하고 협력하는 일이 중요하다. 이때 나와 다른 분야의 친구들과 교류한 경험은 큰 도움이 된다. 이미 학생 시절에 인간관계에서 다양한 시각과 접근방식을 이해하고 존중하는 법을 배웠다면 새로운 협업 환경에서도 빠르게 적응하고 성과를 낼 수 있다.

우리는 살아가면서 어떤 도움이 필요하게 될지 누구도 알수 없다. 때로는 법적인 조언이 필요할 수도 있고, 기술적인 문제가 발생할 수도 있으며, 창의적인 아이디어를 내야 할 때도 있다. 이때 다양한 분야에서 활동하는 친구들과의 관계는 큰 자산이 된다. 서로 다른 전문성을 가진 친구들은 나에게 꼭 필요한 순간에 도움을 줄 수 있으며, 나도 그들에게 도움을 줄 수 있다. 이렇게 상호보완하는 관계는 개인적인 네트워크를 더욱 탄탄하게 만들어 준다.

★

나는 20대들에게 꼭 만나야 할 두 부류의 사람들을 강조한다. 그중 첫 번째는 오랫동안 연락이 끊겼던 옛날 친구들이다. 초등학교나 중학교 시절 함께했던 친구들은 가장 순수한 시기에 서로를 가장 가까이서 봐왔던 존재들로 그 추억이 현재의 나를 형성하는 데 큰 영향을 미쳤다. 20대가 되어 각자의 길을 걸으며 다양한 분야로 흩어졌지만, 여전히 나에게 새로운 시각을 열어줄 수 있는 소중한 자산이다.

예전에는 단순히 같은 반 친구였던 이들이 지금은 각자의 자리에서 다른 경험을 쌓고, 다른 시각을 가지며 살아가고 있기에 그들의 이야기를 듣는 것만으로도 더 넓은 세상을 이해하게 된다. 때로는 내가 전혀 몰랐던 분야에 대해 인사이트를 얻을 수 있고, 내가 겪는 문제를 다른 관점에서 풀어낼 힌트를 얻을 수도 있다. 이 친구들은 순수했던 시절의 나를 기억하고, 또 그 시절을 함께 지냈기에 나에게 따뜻하고 진솔한 조언을 건넬 수 있다.

두 번째는 나와 완전히 다른 분야에서 공부하거나 활동하는 친구들이다. 예를 들어 내가 전기공학을 전공하고 있다면 미술이나 연극을 하는 친구들과 교류하고, 언론학을 전공하고 있다면 화학이나 기계공학을 전공하는 친구들과 대화해 보는 것을 추천한다. 내가 기술적인 문제를 고민하고 있을 때, 예술을 공부하는 친구와 만나 보면 독특한 시각에서 전혀 다른 해결방안을 찾을 수 있다. 이들은 내가 보지 못했던 세상을 보여주고, 내가 몰랐던 길을 제시해 줄 수 있는 존재들이다. 나와 전혀 다른 길을 걷고 있는 친구들은 내 인생을 더욱 풍요롭게 만들어 줄 뿐만 아니라, 내 생각의 틀을 넓혀 주고 새로운 영감을 불어넣어 준다.

★

고등학교 시절 나와 함께 오케스트라 수업을 들었던 동기 크리스는 밝고 친근했지만 때때로 다른 학생들에게 조금 과하다는 평가를 받았다. 연주 실력은 그다지 뛰어나지 않았지만 클래식 음악을 정말 사랑해 클래식과 오페라 관련 글을 블로그에 꾸준히 올렸다. 대학 졸업 후 작은 라디오 방송국에서 일하고 있었던 그를 동문회에서 종종 만났고, 그와의 관계를 이어갔다.

몇 년 뒤 그는 세계에서 가장 유명한 오페라 극단 중 하나인 뉴욕의 메트로폴리탄 오페라에 취직했고, 같은 동네에 살게 되면서 자주 만나 세계 최대 규모의 오페라 제작이 어떻게 이루어지는지에 대한 이야기를 들려주었다. 그의 이야기는 나에게 사람들을 한곳에 모으는 문화행사를 어떻게 기획하고 홍보해야 하는지에 대한 아이디어를 주었다. 그에게 무언가를 얻으려는 마음도 없었고, 당장의 커리어에 도움이 되는 혜택을 받은 것도 아니지만, 순수했던 학창 시절에 알게 된 친구로서 인간적인 관계를 이어갈 수 있었다. 그는 내가 알지 못했던 흥미로운 세상을 소개해 주는 소중한 친구가 되었다. 그는 현재 메트로폴리탄 오페라 단의 7년 차 시니어 에디터로 근무하고 있다.

★

　나와 다른 목표를 가진 친구들과의 관계를 유지하려면 우선 그들의 관심사에 진심으로 관심을 보여야 한다. 단지 형식적으로 연락을 주고받는 것이 아니라 그들이 무엇을 하고 있는지, 어떤 도전을 겪고 있는지에 대해 진정으로 관심을 기울이는 것이 중요하다. 이렇게 관심을 가지고 지켜보며 때로는 그들의 활동에 참여하거나 응원하는 방법도 좋다. 지금 이 순간 나와 다른 목표를 가진 친구들과의 관계를 소중히 여기고, 그들과 함께하는 시간을 아끼지 말자.

나와 다른 목표를 가진 친구들과의 관계를 유지하며, 다양한 시각과 경험을 통해 나의 시야를 넓히자.

- **정기적으로 연락하기 :** 오랜 친구들에게 먼저 연락해 안부를 물어보자. 한 달에 한 명 이상과 커피 약속을 잡고 오랜만에 인사를 나누자.
- **다양한 활동에 참여하기 :** 친구들의 관심사나 이벤트에 함께 참여해 보자. 언제 어디에서 누구를 만날지 모른다.
- **서로의 이야기에 귀 기울이기 :** 그들의 경험과 생각을 존중하며 대화하자.
- **공통의 취미 찾기 :** 함께 즐길 수 있는 새로운 취미나 활동을 찾아보자.
- **협력의 기회 만들기 :** 서로의 전문성을 활용해 공동 프로젝트나 스터디를 기획해 보자. 내가 이끌지 않아도 다른 사람이 주도하는 모임에 참여해 보자.

사람 보는 눈을
키우는 방법

20대는 새로운 사람들을 많이 만나는 시기다. 학교, 직장, 모임 등 다양한 사회적 활동을 통해 많은 사람과 연결되기 때문에 그 과정에서 사람 보는 눈이 매우 중요해진다. 특히 처음 만난 사람을 어떻게 파악할지에 대한 감각은 인생에서 여러 선택을 할 때 중요한 역할을 한다.

사람을 보는 눈은 단순히 첫인상만으로 상대를 판단한다는 말이 아니다. 그들의 행동과 말투, 태도 등을 종합적으로 분석하고 이해하는 능력을 말한다. 특히 20대에는 이러한 능력을 통해 자신의 성장을 도와줄 좋은 인연을 맺어야 큰 자산이 될 수 있다.

그렇다면 사람 보는 눈을 키우기 위해서는 어떻게 해야 할까?

★

첫째, 상대방의 행동과 태도를 잘 관찰해야 한다.

첫 만남에서 사람들은 자신의 좋은 모습을 보이려 노력한다. 이때 그들의 말과 표정, 행동을 유심히 살펴보는 것이 중요하다. 상대가 어떤 말을 할 때 눈빛이 변하는지, 어떤 주제에서 가장 열정적으로 반응하는지, 혹은 어떤 상황에서 불편함을 느끼는지 세심하게 관찰해 보자.

예를 들어 상대가 겸손한 태도로 대화에 임하는지, 아니면 자신의 성과를 과시하려는 태도를 보이는지 등을 통해 그 사람의 성격과 가치관을 유추할 수 있다. 또한 상대방이 다른 사람들과 대화할 때의 태도를 관찰하는 방법도 좋다. 자신보다 지위가 낮거나 당장 그 사람에게 중요하지 않은 사람에게도 친절하고 공정한 태도를 보인다면 대체로 성실하고 신뢰할 만한 사람이다.

둘째, 상대방의 말을 귀 기울여 들어야 한다.

많은 사람이 대화 중 자신의 이야기를 주로 하지만, 사람을 잘 파악하는 사람들은 상대방의 이야기를 경청하며, 그 속에서 중요한 정보를 얻는다. 상대의 말투와 언어 선택, 그리고 그들이 어떤 주제에 대해 이야기할 때 가장 편안해하거나 불편해하는지를 주의 깊게 들어보자.

예를 들어 상대가 과거의 실패나 경험을 회피하거나 과도하게 포장하려 한다면, 이는 자신에 대한 솔직함이 부족하다는 사실을 암시한다. 반면에 자신의 약점을 인정하고 그로부터 배운 점을 이야기하는 사람은 진실한 사람일 가능성이 크다.

셋째, 상대방의 행동에 일관성을 살펴봐야 한다.

사람은 자신의 진정한 모습을 완전히 숨길 수 없다. 처음에는 잘 보이려고 노력하지만 시간이 지나면서 자신의 진짜 모습이 드러나기 마련이다. 특히 스트레스 상황이나 예기치 못한 일이 발생했을 때, 그 사람의 진짜 성격과 가치관이 나타나게 된다. 처음 만났을 때의 모습이 꾸준히 유지되는지, 아니면 점점 변하는지를 관찰해 보자.

예를 들어 처음에는 친절했지만, 점점 자기중심적이거나 이기적인 행동을 보인다면 그 사람의 본성이 드러나는 것이다. 일관된 행동과 태도를 보이는 사람은 그만큼 신뢰할 수 있으며, 변덕스럽고 일관성이 없는 사람은 장기적으로 관계를 맺기 어렵다.

넷째, 그 사람의 주변 사람들과의 관계를 살펴봐야 한다.

그 사람이 주변 사람들을 어떻게 대하는지, 그리고 주변 사람들이 그 사람에 대해 어떻게 이야기하는지를 들어 보라. 사람들은 자신이 가장 편하게 느끼는 사람들 앞에서 진정한 모습을 드러내기 마련이다. 만약 그 사람이 친구, 가족, 동료들과의 관계에서 존중과 배려를 보이고 있다면 그 사람은 신뢰할 수 있는 사람이다. 반대로 주변 사람들과의 관계에서 자주 갈등을 겪거나 비판을 많이 받는다면, 그 사람은 문제를 일으킬 소지가 있다.

다섯째, 처음 만난 사람을 파악할 때는 직감도 무시하지 말아야 한다.

직감은 우리의 경험과 관찰을 바탕으로 무의식적으로 형성된 판단이다. 물론 직감이 항상 옳지는 않지만, 때로는 우리가 의식적으로 파악하지 못한 중요한 단서를 제공하기도 한다. 상대에게 불편한 느낌이나 경계심이 든다면 그 이유를 곰곰이 생각해 보고, 그 사람에 대한 판단을 서두르기보다는 시간을 두고 지켜보는 것이 좋다. 반대로 긍정적인 느낌이 든다면 그 직감을 바탕으로 그 사람과 더 깊이 알아가고, 관계를 발전시킬 수 있는 기회로 삼아보자.

여섯째, 사람을 파악하는 데에는 시간이 필요하다는 점을 기억하자.

앞에서 언급한 직감과 대치되는 이야기일 수 있지만, 처음 만난 사람을 단번에 파악하기란 쉽지 않다. 사람은 시간이 지나면서 진짜 모습을 드러내기 마련이다. 관계가 깊어질수록, 그 사람의 본성이나 진정한 가치관을 더 잘 알게 된다. 따라서 직감적으로 거부감이 들지 않는다면 처음 만남에서 상대방을 평가하기보다는 시간을 두고 천천히 지켜보며 그 사람의 진짜 모습을 이해하려고 노력하자. 이렇게 시간과 경험을 통해 사람을 파악하는 능력을 기르다 보면 더 좋은 인연을 맺고, 자신에게 긍정적인 영향을 줄 수 있는 사람들을 알아보는 안목이 생길 것이다.

★

사람 보는 눈을 키우고 처음 만난 사람을 파악하는 일은 20대가 꼭 길러야 할 능력이다. 앞에서 제시한 방법들을 고려하면서 우리가 깨달아야 하는 것은 타인도 나를 이런 기준들로 평가할 거란 사실이다. 나도 이 기준들을 적용했을 때 어떤 사람으로 보일지 생각해 보고, 고치고 싶은 나의 모습이 있다면 고쳐보자.

사람을 파악하는 능력은 인생의 중요한 순간에 큰 도움이 된다. 새로운 사람들을 만날 때, 그들의 행동과 말투, 태도를 세심하게 관찰하면 좋은 인연을 맺고 성장할 수 있다.

- **관찰력 키우기 :** 상대방의 말과 행동을 유심히 살펴보자. 어떤 주제에 열정을 보이는지, 어떤 상황에서 불편해하는지 관찰하자.

- **경청하기 :** 대화 중에는 자신의 이야기보다 상대방의 이야기에 더 귀기울여 듣자.

- **일관성 확인하기 :** 시간이 지나도 상대의 행동과 태도가 일관적인지 살펴보자.

- **주변 관계 살펴보기 :** 그 사람이 주변 사람들과 어떻게 지내는지 관찰하면 성격을 더 잘 파악할 수 있다.

- **직감 존중하기 :** 첫인상이나 느낌을 무시하지 말고, 그 감정을 바탕으로 신중하게 접근하자.

네트워킹은
도움을 주고받는 관계

우리는 살아가면서 '인맥이 최고'라는 말을 수없이 듣는다. 나 역시 그 말에 휩쓸려 20대 초중반에는 최대한 많은 사람을 만나고 인맥을 쌓는 데 집중했다. 그때는 모임과 행사에 참석해 사람들을 만나고, 명함을 주고받는 일에 큰 의미를 두었다. 명함을 주고받으며 내가 인맥을 넓혀가고 있다고 생각했고, 명함 속 정보와 디자인에 신경 쓰며 내 존재를 각인시키려 노력했다. 하지만 시간이 지나면서 책상 서랍에 수백 장의 명함만 쌓여갔을 뿐, 명함 속 이름의 사람들과 진정한 관계를 맺지 못했다. 그들은 내가 누군지 기억하지 못했고, 나 또한 그들에 대해 잘 알지 못했다. 그제야 깨달았다.

'과연 이것을 인맥이라고 할 수 있을까?'

네트워킹은 단순히 서로 얼굴을 알고 연락처를 주고받는 것이 아니다. 그 핵심은 서로가 서로에게 의미 있는 가치를 주고받는 관계를 형성하는 데 있다. 단순히 인맥을 넓히기 위해 사람들을 만나고 명함을 주고받는 것에만 몰두한다면, 그 관계는 그저 형식적인 연결에 불과하다. 그렇다면 서로에게 도움이 되고, 서로의 성장에 기여하는 관계를 맺으려면 어떻게 해야 할까?

★

2년 전 구독자 65만 명이 넘는 커뮤니케이션 전문 유튜브 채널 '희렌최널'에 출연해 인맥과 관련된 이야기를 나눴다. 그 내용을 요약하면 이렇다.

대학 시절에 나는 사람들과 지속적인 연락을 유지하는 것이 중요하다고 생각했다. 그래서 설이나 추석 명절이 되면 1,000통 이상의 문자를 하나하나 작성해 보냈다. 단순히 같은 내용을 복사해서 붙이지 않고, 각 사람의 이름과 상황에 맞게 문장을 작성하며 진심을 전하려 노력했다. 하지만 1,000명에게 메시지를 보내도 답장이 오는 사람은 약 300명, 그중에서 실제로 대화를 이어가는 사람은 100명이 채 되지 않았다. 몇 번 대화를 주고받는 사람은 30~40명에 불과했고, 실제로 만나는 사람은 열 명도 되지 않았다.

몇 년간 이런 노력을 지속하다가 너무 힘이 들어 어느 해부터는 아무에게도 연락하지 않았다. 그럼에도 불구하고 대화를 이어가고 실제로 만나는 사람의 수는 변하지 않았다. 이 경험을 통해 인맥은 양이 아니라 질이며, 진정한 연결은 무리한 노력으로 만들어지지 않는다는 점을 깨달았다.

★

네트워킹은 결국 '도움을 주고받는 관계'를 만드는 일이다. 네트워킹의 본질은 내가 먼저 누군가에게 도움이 되기 위해 다가가는 데 있다. 단순히 나에게 이익이 되는 사람을 찾고, 그 사람을 통해 나의 목적을 이루려는 것이 아니라 내가 먼저 상대에게 어떤 가치를 줄 수 있는지를 고민해야 한다. 내가 먼저 도움을 줄 때, 그 관계는 진정한 네트워크로 자리 잡게 된다. 내가 가진 작은 도움이라도 상대에게 필요한 순간에 제공될 수 있다면 그 관계는 상호 신뢰를 바탕으로 성장하게 된다.

이처럼 네트워킹에서 내가 어떤 가치를 줄 수 있는지 스스로 고민하는 일이 중요하다. 물론 내가 특별한 능력을 갖춘 능력자라면 더할 나위 없이 좋겠지만, 대학생으로서 또는 사회

초년생으로서도 충분히 다른 사람에게 가치 있는 존재가 될 수 있다. 예를 들어 학생으로서 새로운 시각과 관점을 제공할 수 있고, 젊은 사람들의 의견이 필요한 이들에게 귀중한 연결 고리이자 징검다리가 될 수도 있다. 따라서 내가 현재 어떤 상황에 있든, 그 상황에서 나만이 제공할 수 있는 가치를 찾아내는 것이 중요하다.

★

사람들을 만나 명함을 주고받기 전에 먼저 생각해 보자.

'나는 과연 이 사람들에게 어떤 가치를 줄 수 있을까?'

'내가 가진 장점이나 가치를 어떻게 활용할 수 있을까?'

이 질문에 답을 찾으면 네트워킹은 단순한 인맥 쌓기가 아니라 진정한 관계 맺기로 변하게 된다. 사람들을 많이 만나는 것보다 그 사람들과 어떤 이야기를 나눌 수 있을지, 어떤 연결을 만들 수 있을지를 고민하는 것이 중요하다.

네트워킹은 '사람과 사람 사이의 연결'이다. 그 중심에는 신뢰와 진정성이 있어야 한다. 단지 어떤 이익을 얻기 위해서가 아니라 진심으로 다가가자. 그들에게 도움이 되고자 하는 마음이 전달될 때 그 관계는 깊어지고 지속적인 네트워크로 발전한다. 내가 그들을 수단으로 여긴다면 그 관계는 오래가지 못할 것이다. 사람들은 자신이 이용당하고 있다는 느낌을 본능적으로 감지한다. 반대로 진정성 있는 관심과 도움을 제공하려 한다면 그 관계는 나와 상대 모두에게 소중한 자산이 될 것이다.

★

네트워킹을 할 때는 다양성을 존중하고 받아들이는 자세가 중요하다. 다양한 사람들과의 네트워킹은 나의 시야를 넓히고, 더 많은 가능성을 탐색할 수 있는 기회를 제공한다. 우리는 나와 비슷한 사람들과 어울리기를 선호하지만, 진정한 네트워크는 다양한 배경과 경험을 가진 사람들과의 연결에서 비롯된다. 내가 누군가에게 줄 수 있는 것이 있다면 그 사람이 나와 전혀 다른 분야에서 활동하고 있을지라도 그 관계는 가치가 있다.

네트워킹의 가치는 단기적인 성과가 아니라 장기적인 관계를 구축하는 데 있다. 처음 만난 사람에게서 당장의 이익을 기대하기보다는 오랫동안 지속될 수 있는 관계를 만들자. 이를 위해서는 신뢰를 쌓고, 서로에게 도움이 되는 존재로서의 가치를 꾸준히 보여주어야 한다. 관계를 어떻게 유지하고 발전시킬지는 온전히 나의 몫이다.

★

　네트워킹은 내가 누군가에게 도움이 되기 위해 시작하는 일이다. 나의 작은 도움이 누군가에게는 큰 변화를 가져올 수 있으며, 그 도움의 선순환은 결국 나에게로 돌아온다. 네트워킹은 서로가 서로에게 가치를 주고받는 과정이며, 그 과정에서 우리는 더 나은 사람, 더 나은 커뮤니티를 만들어 갈 수 있다. 나의 이익보다는 먼저 상대방에게 내가 어떻게 도움이 될 수 있을지를 고민해 보자. 그것이 진정한 네트워킹의 시작이며 관계에서 가장 중요한 본질이다.

네트워킹은 단순히 많은 사람을 아는 것이 아니라, 서로에게 가치 있는 도움을 주고받는 관계를 만드는 것이다. 진정한 네트워킹을 위해 내가 먼저 다른 사람에게 어떤 가치를 줄 수 있는지 고민해 보자.

- **가치 제공하기** : 내가 가진 지식이나 경험으로 다른 사람을 도울 방법을 찾아보자.
- **진정성 있게 다가가기** : 이익이 아닌 진심으로 사람들에게 관심을 가지고 다가가자.
- **소수의 깊은 관계 맺기** : 많은 사람을 얕게 아는 것보다 적은 사람과 깊은 관계를 맺는 것이 더 중요하다.
- **다양성 존중하기** : 나와 다른 배경이나 분야의 사람들과도 교류하여 시야를 넓히자.
- **장기적인 관계 구축하기** : 단기적인 이익보다 오랜 기간 신뢰를 쌓을 수 있는 관계를 만들어 보자.

가족과의 관계,
그리고 독립

20대는 나만의 인생을 개척하고 자신을 발견하는 중요한 시기다. 이 과정에서 많은 이가 부모님의 기대와 의견, 그리고 경제적인 지원에 얽매여 스트레스를 받기도 한다. 모든 가족 관계는 고유하기 때문에 한 가지 정답은 없지만, 부모님의 영향력에서 벗어나 나만의 길을 걷고자 한다면 경제적 독립이 그 첫걸음이 될 수 있다.

경제적인 독립은 단순히 부모님에게서 경제적 지원을 받지 않는 것을 넘어서, 스스로 생활을 꾸리고 자족할 수 있는 능력을 갖추는 것을 의미한다. 이는 경제적인 자립을 통해 부모님의 영향으로부터 벗어나는 것을 의미하며, 나만의 삶을 시작하는 첫걸음이 된다. 즉, 20대가 부모로부터 독립하는 일은 단지 물리적인 거리 두기를 의미하지 않는다. 그보다는 스스로 결정을 내리고 책임질 수 있는 정신적·정서적 자립이 중요하다.

★

부모가 자녀에게 큰 영향력을 행사할 수 있는 이유는 많은 경우 경제적인 지원 때문이다. 부모님이 나의 생활비를 지원해 주는 한, 나는 그들의 의견에 신경 쓸 수밖에 없고, 그들의 기대에 부응하려는 압박을 받을 수밖에 없다. 그러나 경제적으로 독립하게 되면 부모님에게 지원을 받지 않으므로 그들의 의견에 얽매이지 않을 자유를 얻게 된다. 결국 독립은 경제적인 관계를 정리하는 것뿐만 아니라 부모와의 인간적인 관계를 새롭게 정립하는 기회가 될 수 있다. 경제적인 얽매임이 사라지면 부모와 자녀의 관계는 한층 더 평등하고 성숙하게 발전할 수 있다. 독립은 단지 혼자 사는 것이 아니라, 나만의 생활방식을 찾아가는 과정이다. 이는 나의 가치관과 우선순위를 새롭게 정의하고, 나의 결정에 온전히 책임질 수 있는 능력을 키우는 과정이다.

물론 경제적인 독립을 위해서는 현실적인 계획과 준비가

필요하다. 우선 내가 감당해야 할 비용을 정확히 파악하고, 이를 충족할 수 있는 수입을 확보해야 한다. 그리고 예상치 못한 상황에 대비할 수 있는 비상금이나 예비자금을 마련해 두는 일도 중요하다. 특히 독립 초기에는 예상보다 비용이 많이 발생할 수 있기 때문에 재정적인 계획은 필수이다. 이미 독립한 사람들을 찾아가 그들이 어떤 경로를 통해 독립했는지, 얼마나 비용이 드는지 현실적으로 확인하는 방법도 좋다. 이들의 경험을 참고하여 나의 경제적 상황에 맞게 예산을 세우고, 그 예산에 충족할 수 있는 방법을 찾아보자.

또한 독립하기 위해서는 안정적인 수입원을 확보해야 한다. 급여나 아르바이트, 파트타임 잡, 인턴십 등을 통해 꾸준히 수입을 유지할 수 있는 방법을 찾아야 한다. 학교에서 장학금이나 생활비 지원을 받을 수 있는 방법을 찾아보거나 은행에서 독립을 위한 대출이나 금융지원 사업도 적극적으로 알아보면 좋다. 다만 절대로 친구나 지인을 통해 금전적인 도움을 구하지 말아야 한다. 가까운 관계에서의 금전적인 거래는 언제든 관계에 불화를 일으킬 수 있으며, 최악의 경우 경제적으로도 큰 피해를 입을 수 있기 때문이다. 신뢰할 수 있는 기관이나 검증된 제도를 통해 지원책을 찾고 철저하게 계획을 세우는 전략이 필요하다.

독립 후에는 스스로의 재정을 체계적으로 관리하는 습관을 길러야 한다. 월별 예산을 세우고, 수입과 지출을 주기적으로 점검하며 필요에 따라 조정해 나가는 습관이 중요하다.

★

20대에 독립은 큰 도전이자 중요한 성장의 기회요, 인생을 주체적으로 살아가기 위한 첫걸음이다. 부모님에게서 벗어나 나만의 삶을 개척하는 일은 단순히 경제적인 독립을 넘어서 나의 가치관과 삶의 방식을 스스로 결정할 수 있는 자유를 의미한다. 독립을 통해 우리는 부모님의 기대에서 벗어나 진정한 꿈을 추구할 수 있고, 실패와 성공을 통해 자립의 의미를 깨달을 수 있다. 그리고 그 과정에서 더욱 성숙해지고 나 자신을 더욱 깊이 이해할 수 있게 된다. 독립은 나의 성장을 도와줄 뿐만 아니라 부모와의 관계도 성숙하게 만들어 줄 것이다.

부모님으로부터의 독립은 경제적인 자립에서 시작된다. 경제적으로 독립하여 자신의 삶을 주체적으로 살아가자.

- **경제 계획 세우기** : 생활비, 주거비, 식비, 공과금 등을 고려하여 현실적인 예산을 수립하자.

- **수입원 확보하기** : 급여, 아르바이트, 인턴십 등을 통해 안정적인 수입을 마련하자.

- **재무관리 배우기** : 지출을 기록하고 예산을 지키는 습관을 기르자.

- **독립 준비하기** : 독립에 필요한 생활기술과 정보를 미리 학습하자.

- **부모님과 대화하기** : 독립에 대한 생각과 계획에 대해 부모님과 솔직하게 대화를 나누고 이해를 구하자.

우리 모두는
내향적이며 외향적이다

최근 몇 년 동안 MBTI와 같은 성격유형 검사가 큰 인기를 끌고 있다. 특히 젊은 세대 사이에서는 처음 만난 사람과 대화할 때 먼저 MBTI 유형을 묻기도 한다. 이처럼 자신이 어떤 성격유형인지 알면 자기이해를 높일 수 있다. 그러나 한편으로는 자신을 특정한 성격유형에 가두고, 그 틀에 맞춰 행동하려는 경향을 만들기도 한다.

예를 들어 자신은 내향적인 사람이어서 사람들 앞에서 말하는 것을 꺼린다고 말하거나 외향적인 사람이어서 혼자 있는 시간을 충분히 즐기지 못한다고 이야기하는 식이다. 하지만 실제로 우리 모두는 내향적인 면과 외향적인 면을 동시에 가지고 있으며, 이를 상황에 맞게 발휘할 수 있다.

★

나는 첫 책 《세상을 공부하다》에서 '내향적인 사람은 리더가 될 수 없을까'라는 질문을 던지며, 내향적이더라도 충분히 훌륭한 리더가 될 수 있다는 이야기를 나눴다. 사람들은 내가 강연을 하고, 수많은 사람을 만나는 모습을 보고 나를 외향적인 사람으로 여긴다. 그러나 나는 사실 혼자만의 시간이 절대적으로 필요하고, 새로운 사람에게 다가가는 것이 쉽지 않으며, 조용한 환경을 선호하는 사람이다. 하지만 내가 내향적인 성향을 지녔다고 해서 외향적인 활동을 못하는 것은 아니다. 그저 상황에 맞춰 내향적인 면과 외향적인 면을 적절히 활용하는 법을 배워왔을 뿐이다.

대부분의 사람들은 자신을 내향적이거나 외향적인 사람으로 구분하며, 그에 따라 어떤 일은 가능하고 어떤 일은 어렵다고 생각한다. 하지만 이는 매우 제한적인 사고방식이다. 우리는 모두 상황에 따라 다르게 대응할 수 있으며, 내향적인 면과 외향적인 면을 모두 가지고 있다. 예를 들어 혼자만의 시간을 소중히 여기고 깊이 있는 관계를 중요시하는 내향적인 사람도 중요한 자리에서는 자신의 의견을 적극적으로 표현하고 리더십을 발휘할 수 있다. 반대로 활발하고 사람들과의 교류를 즐기는 외향적인 사람도 때로는 혼자만의 시간을 통해 에너지를 충전하고 깊이 있는 성찰을 할 수 있다.

내향적이거나 외향적인 성향을 특정 상황에서 더 많이 발휘한다고 해서 그것이 자기 성향의 전부는 아니다. 중요한 점은 상황에 맞춰 나의 성향을 유연하게 조절하는 능력이다. 외향적인 사람이라고 해서 항상 사람들과 어울리고 활발해야 하는 것은 아니며, 내향적인 사람이라고 해서 사람들과의 교류를 피해야 하는 것도 아니다. 우리가 사람들과 관계를 맺고, 일하고, 세상과 소통하는 방식은 성격유형에 따라 고정되어 있지 않고 충분히 유연하게 바뀔 수 있다. 스스로를 내향적이거나 외향적인 사람으로 한정 짓기보다는 상황에 따라 그때그때 필요한 모습을 자유롭게 발휘할 수 있도록 자신을 열어두자.

★

내향적이거나 외향적이라는 라벨 또는 감성적이거나 현실적이라는 라벨에 너무 얽매이면 자신에게 불필요한 한계를 설정하게 된다. 내향적인 사람은 '나는 사람들 앞에서 말을 잘 못해'라고 생각하며 도전조차 하지 않거나, 외향적인 사람은

'나는 혼자 있는 것을 싫어해'라며 스스로를 편안하게 만드는 시간을 등한시할 수 있다.

세상에는 완벽하게 하나의 성향만 가진 사람은 없다. 오히려 대부분의 사람들은 다양한 상황에서 자신의 성향을 조절하며 살아간다. 내향적인 사람도 충분히 외향적인 활동을 할 수 있고, 외향적인 사람도 내향적인 면이 필요하다.

내향적인 사람들이 깊은 생각과 세심한 관찰력을 발휘할 수 있는 것처럼, 외향적인 사람들도 소통을 통해 관계를 형성하고 주도적인 역할을 할 수 있다. 또한 내향적인 사람들은 외향적인 사람들보다 더 깊이 있는 인간관계를 형성할 수 있으며, 외향적인 사람들은 내향적인 사람들보다 더 쉽게 새로운 기회를 만들어 낼 수 있다. 자기 성향을 상황에 맞게 잘 조절해 보자.

★

리더십도 마찬가지다. 우리는 흔히 외향적인 사람들이 리더로서 더 적합하다고 생각하지만, 내향적인 사람도 충분히 훌륭한 리더가 될 수 있다. 예를 들어 내향적인 리더는 더 잘 경청하고 깊이 있는 분석을 통해 문제를 해결하고, 팀원들의 의견을 존중하며 조용한 카리스마로 이끌 수 있다. 외향적인 리더는 그들의 에너지와 소통능력을 바탕으로 팀의 사기를 북돋우고, 사람들을 하나로 모을 수 있다. 리더십은 특정한 성격유형에 제한되지 않으며, 다양한 성향이 서로 다른 방식으로 발휘될 수 있다.

그러므로 나 자신을 내향적·외향적이라고 규정지으며 한정하지 말자. 우리 모두는 내향적인 면과 외향적인 면을 동시에 가지고 있으며, 그 두 가지를 상황에 맞게 활용할 수 있는 열린 존재임을 기억하자. 두 성향 사이에서 균형을 찾고 자신을 포용할 때 비로소 진정한 나로 세상과 마주할 수 있다.

자신을 특정 성격유형에 가두지 말고, 상황에 맞게 내향적이고 외향적
인 면을 유연하게 활용하자.

- **자신 이해하기** : 내향적·외향적 성향 모두를 인정하고 받아들이자.

- **상황에 맞게 행동하기** : 필요한 순간에는 외향적으로, 휴식이 필요할
  때는 내향적으로 행동하자. 그리고 그것이 괜찮다는 것을 스스로 인
  지하자.

- **성장 기회로 활용하기** : 평소와 다른 성향의 활동에 도전하여 새로운
  경험을 쌓아보자.

- **균형 유지하기** : 사회활동과 개인시간을 균형 있게 배분하여 에너지
  를 관리하자.

- **자신에게 맞는 리더십 찾기** : 자신의 성향에 맞는 리더십 스타일을 개
  발하자.

좋은 관계를
유지하는 방법

20대는 많은 사람과 새로운 관계를 맺고, 그 관계들을 유지하고 발전시켜 나가는 중요한 시기다. 사실 인맥을 넓히는 일만큼이나 이미 맺은 관계를 잘 유지하고 관리하는 것이 중요하다. 우리는 종종 새로운 사람을 만나고, 새로운 관계를 맺는 데 집중하다 기존의 관계를 소홀히 하는 실수를 저지르곤 한다. 하지만 진정한 인맥은 단지 많은 사람을 아는 것이 아니라 그들과 깊이 있는 관계를 유지하는 데 있다. 좋은 관계는 삶을 풍요롭게 하고, 나의 성장과 발전에 중요한 역할을 한다. 그렇다면 좋은 관계를 어떻게 유지할 수 있을까?

★

첫째, 진심 어린 소통을 하자.

바쁜 일상 속에서 친구, 동료, 지인들과의 관계를 지속적으로 유지하기는 쉽지 않지만, 좋은 관계를 유지하려면 상대방에게 진심으로 관심을 가져야 한다. 상대방의 안부를 물어보거나 중요한 일이 있을 때 작은 관심을 표현해 보자.

예를 들어 누군가가 중요한 발표를 준비 중이라면 '발표 잘하고 와!'라는 간단한 메시지 한 통이 큰 힘이 될 수 있다. 이처럼 상대방의 삶에 관심을 기울이고, 그들의 기쁨과 어려움을 함께 나누는 태도가 관계를 더욱 견고하게 만든다.

둘째, 신뢰를 쌓자.

신뢰는 모든 관계의 기본이다. 내가 누군가를 신뢰하고, 또 그들도 나를 신뢰할 때 그 관계는 더욱 단단해진다. 신뢰를 쌓기 위해서는 약속을 잘 지키고, 솔직하게 소통하고, 무엇보다 상대방의 비밀이나 약점을 존중하는 태도가 필요하다. 또한 상대방이 필요로 할 때 도움을 주고, 내가 필요할 때 도움을 요청하는 상호의존 관계를 형성하는 것도 중요하다. 신뢰는 한순간에 쌓이지 않고 작은 행동들이 모여 형성된다는 점을 기억하자.

셋째, 상호존중하는 태도를 기르자.

우리는 서로의 생각과 가치관이 다를 수 있다. 이때 서로의 차이를 인정하고 존중하는 태도가 관계를 오래 유지하는 데 큰 도움이 된다. 상대방의 의견이 나와 다를 때 그것을 억지로 바꾸려고 하거나 자신의 의견을 강요하기보다는 서로의 생각을 이해하려는 노력이 필요하다. 상대방의 감정과 의견을 존중하고, 서로 다름을 받아들이는 자세가 관계를 성숙하게 만든다. 상호존중은 서로에게 진정한 가치를 느끼게 하는 중요한 요소다.

넷째, 적절한 거리를 유지하자.

가까운 사람과 너무 자주, 너무 깊게 얽히다 보면 오히려 갈등이 생길 수 있다. 서로에게 적절한 시간을 주고, 각자의 공간을 존중해야 관계가 잘 유지될 수 있다. 이는 특히 20대에 관계를 형성할 때 중요한 요소이다. 서로에게 지나치게 얽매이거나 의존하는 관계는 오히려 독이 될 수 있다. 적절한 거리에서 서로의 존재를 인정하고, 필요할 때 힘이 되어 주어야 변하지 않는 단단한 유대감이 생길 수 있다.

다섯째, 서로의 성장을 지지해 주자.

사람은 누구나 성장하고 변화한다. 20대는 특히 변화가 많은 시기이며, 이 시기에 맺은 관계도 그에 따라 변할 수 있다. 이때 중요한 것은 서로의 성장을 이해하고 지지하는 태도다. 상대방이 새로운 도전을 하거나 중요한 결정을 내릴 때, 그들의 선택을 응원하고 지지해 주는 태도가 필요하다. 서로가 성장하고 발전할 수 있도록 격려하는 관계는 더 깊고 강력한 유대감을 형성하게 된다. 예를 들어 친구가 새로운 일을 시작할 때 격려의 말을 전하며 함께 기뻐해 주면 좋다.

여섯째, 갈등을 해결하는 능력을 키우자.

사람 사이의 관계는 언제나 평탄하지 않다. 때로는 갈등과 오해가 생길 수 있으며, 이때 갈등을 어떻게 해결하느냐에 따라 관계의 지속 여부가 결정된다. 갈등이 생겼을 때는 감정을 억누르지 말고 솔직하게 표현하되, 상대방을 비난하거나 공격하지 않는 태도가 필요하다. 문제를 해결하기 위해 대화를 시도하고, 서로의 입장을 이해하려고 노력하는 것이 중요하다. 갈등을 회피하기보다 문제를 직면하고 해결하려는 의지를 보일 때, 관계는 오히려 더 깊어질 수 있다.

일곱째, 감사의 표현을 잘하자.

우리는 종종 가까운 사람들과의 관계에서 그들의 노력이나 배려가 당연하다고 생각해 감사하는 마음을 잊어버리곤 한다. 그러나 감사의 표현은 관계를 더욱 돈독하게 만들 수 있는 간단하지만 강력한 방법이다. 작은 배려나 도움에도 고마움을 표현하고, 함께한 시간에 대해 감사함을 전하자. 이러한 감사의 마음이 전달될 때, 상대방은 나와의 관계에서 더욱 의미를 느끼게 되고, 그 관계는 훨씬 단단해진다.

☆

좋은 관계를 유지하는 일은 새로운 관계를 맺는 것만큼 중요하고, 그만큼 노력과 관심이 필요하다. 꾸준한 관심과 진심 어린 소통, 신뢰와 상호존중, 적절한 거리 유지, 성장을 지지하는 태도, 갈등해결 능력, 그리고 감사의 표현은 관계를 유지하는 데 매우 중요한 요소이다. 다시 한번 진정한 관계란 서로에게 긍정적인 영향을 미치고 함께 성장해 나가는 일이라는 사실을 잊지 말자.

이미 맺은 관계를 소중히 여기고, 꾸준한 노력으로 관계를 유지하고 발전시키자.

- **정기적으로 연락하기** : 누군가가 생각난다면 작은 안부 인사라도 연락을 보내 보자.
- **진심으로 관심 갖기** : 상대방의 삶과 관심사에 진심 어린 관심을 가지자.
- **신뢰 쌓기** : 약속을 지키고 솔직하게 소통하여 신뢰를 구축하자.
- **상호존중하기** : 서로의 차이를 인정하고 존중하는 태도를 가지자.
- **적절한 거리 유지하기** : 서로에게 적절한 시간을 주고, 각자의 공간을 존중하자.
- **서로의 성장 지지하기** : 상대방의 목표와 성장을 응원하고 도와주자.
- **갈등해결 능력 키우기** : 감정을 억누르지 말고 솔직하게 표현하되, 상대방을 비난하거나 공격하지 말자.
- **감사 표현하기** : 작은 일에도 고마움을 표현하여 긍정적인 관계를 이어가자.

목적 없이
소개해 보기

20대는 사람들과의 만남과 연결을 통해 성장하고, 그 과정에서 인생의 중요한 기회를 만들어 가는 시기다. 이때 나도 누군가를 소개받듯이 내가 누군가를 연결해 줄 때가 있다. 누군가를 소개할 때 '이 사람과 연결하면 나에게 어떤 이익이 있을까'를 먼저 고민하는 일에 주의해야 한다. 연결의 가치는 이런 계산에서 벗어날 때 더욱 빛나기 때문이다. 사람을 목적 없이 소개할 때, 오히려 그 만남은 더 자연스럽고 진정성 있게 이루어지며 뜻밖의 시너지 효과를 발휘할 수 있다.

나 역시 처음 학교 밖에서 관계를 맺기 시작하며 사람들을 소개시켜 줄 때, 이 만남이 나에게 어떤 이익이 있을지 먼저 계산했다. 그러나 시간이 지나면서 소개의 목적은 그저 두 사람의 만남이 서로에게 도움이 될 수 있다는 믿음만으로 충분하다는 사실을 깨달았다. 내가 두 사람을 소개하는 순간, 그 관계의 이익이 나에게 돌아올지 아닐지는 중요하지 않다. 그저 내가 아는 두 사람이 만나 좋은 대화를 나누고, 새로운 아이디어를 얻고, 서로에게 긍정적인 영향을 주는 것만으로도 가치가 있기 때문이다.

★

소개는 사람과 사람 사이의 연결을 통해 새로운 가능성을 만들어 내는 일이다. 내가 주선한 만남이 어떤 결과를 가져올지는 미리 알 수 없다. 목적 없이 소개하는 일은 마치 씨앗을 심는 일과 같다. 씨앗이 어떻게 자라날지, 열매를 잘 맺을지는 알 수 없지만, 그 자체로 충분한 의미가 있다. 그 결실이 자라나서 어떤 식으로든 세상에 기여할 것이라고 나는 믿는다.

종종 인맥을 넓히기 위해, 또는 특정한 목적을 달성하기 위해 사람을 소개할 때도 있지만, 이러한 소개는 부자연스럽거나 얕은 관계에 머물기 쉽다. 반면에 아무런 목적 없이 그저 서로의 존재를 알리기 위해 소개할 때, 그런 만남은 더 진실되고 자연스럽게 발전한다.

예를 들어 내가 아는 한 사람의 성격과 관심사, 또 다른 사람의 전문성과 경험이 잘 맞을 것 같다는 생각이 들 때, 그저 '두 사람에게 좋은 일이 생길 것 같다'는 느낌만으로 소개를 해 보자. 이런 소개는 두 사람 모두에게 기대 이상의 가치를 만들어 줄 수 있다.

☆

나는 강연에서도 목적 없이 사람을 소개해 보라는 이야기를 자주 한다. 이는 나의 경험에서 비롯된 조언으로, 내가 과거에 했던 소개 중에는 전혀 예상하지 못한 결과를 낳은 경우가 많았기 때문이다. 소개를 통해 새로운 사업 기회가 생긴 일도 있었고, 소개해 준 두 사람이 서로 친구가 되어 인생에 큰 영향을 주는 인연으로 발전하기도 했다. 그 과정에서 내가 얻은 교훈은 소개의 결과를 미리 예측하고 기대하지 않는 것이 오히려 더 큰 가치를 만들 수 있다는 사실이었다.

우리는 누구나 다양한 사람들을 알고 있으며, 그들을 통해 서로에게 도움이 되는 기회를 제공할 수 있다. 목적 없이 사람을 소개하면 관계는 자연스럽게 흘러간다. 그가 어떤 사람인지, 무엇이 필요한지, 어떤 도움이 되는지를 알았을 때, 그 순간 떠오르는 다른 사람이 있다면 그저 소개해 보자. 이런 방식의 만남은 새로운 기회를 만들어 내고, 더 넓은 세상과 연결되게 한다. 이때 그 만남이 어떤 결과를 가져올지에 대해서는 신경쓰지 않는 것이 중요하다.

★

목적 없는 소개는 우리에게 진정한 네트워킹의 본질을 일깨워준다. 네트워킹은 보통 자신의 이익을 극대화하기 위한 도구로 사용되지만, 진정한 네트워킹은 나의 이익보다 타인의 이익을 먼저 생각하는 데 있다. 내가 아는 사람들을 서로 소개함으로써 그들이 서로에게 긍정적인 영향을 주고받을 수 있도록 돕는 것, 그것이 진정한 네트워킹이다. 그리고 그 과정에서 나 또한 많은 것을 배우고 성장할 수 있게 된다.

비즈니스로 특정한 목적을 위해 만남을 주선하면 서로 부담스러워 자연스러운 대화를 방해할 수 있다. 이와 달리 아무런 목적 없이 주선한 만남은 그저 사람 대 사람으로 연결될 수 있고, 만남 자체에 더 집중할 수 있다. 다만 목적 없는 소개를 한다고 해서 그들의 상황을 존중하지 않으면 안 된다. 같은 관심사를 가졌다면 편하게 만남을 주선할 수 있지만, 눈에 보이는 공통점이나 연결고리가 없다면 소개받는 두 사람에게 왜 도움이 될지, 왜 소개를 받으면 좋을지 설명할 수 있어야 한다.

★

결국 인간관계의 본질을 돌아봐야 한다. 누군가를 만날 때 이익을 앞세우기보다는 긍정적인 영향을 주고받을 수 있는 가능성에 집중해야 한다. 사람과 사람을 연결하는 일은 관계 속에서 새로운 가치를 창출해 내는 것이다. 목적 없이 사람을 소개하는 일은 단순하지만, 그 속에는 관계의 진정성과 연결의 가치가 담겨 있다.

우리 모두는 서로에게 크고 작은 도움이 될 수 있는 존재이며, 연결을 통해 더 큰 가능성을 만들어 갈 수 있다. 그저 '좋은 일이 생길 것 같다'는 마음으로 사람을 소개해 보자. 그러면 더 많은 것을 배우고, 더 많은 가능성을 발견할 수 있을 것이다.

사람을 소개할 때 이익이나 목적을 따지지 말고, 단순히 좋은 인연을 맺을 수 있다는 마음으로 소개하자.

- **자연스럽게 연결하기** : 두 사람이 서로에게 도움이 될 것 같다면 부담 없이 소개해 보자.

- **이익 계산하지 않기** : 소개를 통해 자신에게 돌아올 이익을 기대하지 말자.

- **소개 후 개입 최소화하기** : 소개한 후에는 두 사람이 알아서 관계를 형성하도록 맡기자.

- **소개 받는 사람 존중하기** : 상대방이 소개를 원하지 않을 수도 있으니 사전에 동의를 구하자.

- **긍정적인 연결 확산하기** : 목적 없는 소개를 통해 주변에 긍정적인 네트워크를 만들어 가자.

사람을 만날 때
주의해야 할 것들

20대는 다양한 사람들을 만나 인생에서 중요한 배움과 경험을 쌓아가는 시기다. 다만 만남의 기회가 많은 만큼 사람을 만나는 과정에서 주의해야 할 점들도 많다. 모든 만남이 항상 긍정적인 결과를 가져오지 않기 때문에, 나의 시간과 에너지를 올바르게 사용할 수 있도록 신중하고 주의 깊게 접근해야 한다. 사람을 만날 때 반드시 유념해야 할 점은 무엇일까?

첫째, 장기적인 관점으로 사람을 바라보자.

사람을 만날 때는 단기적인 이익보다 장기적인 관점에서

관계를 바라보는 것이 중요하다. 우리는 흔히 네트워킹 자리에서 당장 이 사람이 나에게 어떤 이익을 줄 것인가에만 집중한다. 그러나 눈앞의 이익에만 초점을 맞추면 진정한 관계를 쌓기 어렵다. 처음에는 큰 도움이 되지 않을 것 같은 사람도 시간이 지나면서 중요한 파트너가 되거나 인생의 전환점에서 큰 역할을 할 수도 있다.

예를 들어 대학 시절에 우연히 만난 동기가 회사생활에서 중요한 조언을 해 주는 멘토로 이어질 수 있다. 혹은 회사에서 처음 만난 거래처 직원이 나중에 다른 회사에서 나를 추천하는 연결고리가 될 수도 있다. 물론 모든 만남이 즉각적인 결과를 가져오지는 않지만, 장기적인 관점에서 관계를 바라보고 지속적으로 잘 유지하면 예상치 못한 기회가 찾아올 수 있다.

둘째, 상황에 맞게 적절하게 기대하자.

사람을 만날 때 거는 기대를 현실적으로 설정하는 것이 중요하다. 많은 사람이 네트워킹 행사나 모임에서 만난 사람에게 너무 큰 기대를 걸곤 한다. 예를 들어 처음 만난 사람이 나의 커리어를 한 번에 도약시켜 주거나 당장 나에게 큰 도움을 줄 거라는 기대를 가진다면 실망으로 이어지기 쉽다. 따라서 현실적인 기대를 설정하고, 그 만남을 연결의 작은 시작으로 생각하면 좋다.

만약 상대방이 지금 당장 나에게 큰 도움을 주지 않더라도 그 만남이 언젠가는 인생의 중요한 터닝포인트가 될 수도 있다. 그러므로 만남의 순간을 즐기고, 상대방에게 진심을 보여주자. 이렇게 현실적인 기대치를 가지고 사람들을 만난다면 관계에서 얻는 기쁨이 훨씬 커질 수 있다.

셋째, 만남의 질을 높이는 질문을 준비하자.

사람을 만날 때 단순한 인사와 명함 교환을 넘어 더 깊이 있는 대화를 나누려면 질문이 중요하다. 특히 네트워킹 행사에서 수많은 사람을 만나는 경우, 어떤 질문을 하느냐에 따라 대화의 깊이가 결정된다. 적절한 질문을 통해 상대방에게 자신을 자연스럽게 드러낼 수 있다면 그 만남은 훨씬 더 의미 있게 된다.

단순히 "무슨 일을 하세요?"라는 질문보다 "요즘 가장 즐겁게 시간을 보내는 취미가 있으신가요?"나 "최근 일하시는 업계에서 접하셨던 소식 중 재미있는 이야기가 있나요?"와 같은 질문을 던져보자. 이런 질문들은 상대방이 자신의 생각과 열정을 나누도록 돕고, 대화를 더욱 풍성하게 만든다. 특히 상대방이 어떤 분야에서 성장하고 있는지, 어떤 도전을 하고 있는지를 물어보면 그들과의 관계가 더욱 깊어질 수 있다.

질문을 통해 우리는 상대방의 생각과 경험을 이해할 수 있고, 그들이 우리에게 어떤 가치 있는 조언을 해줄 수 있는지도 알게 된다. 이처럼 만남의 질을 높이는 질문은 그 관계를 일회성으로 끝나지 않게 도와준다. 질문의 힘을 잘 활용하면 상대방에게도 나에게도 의미 있는 시간이 될 것이다.

넷째, 상대방의 경계선을 존중하자.

모든 사람은 자신만의 경계선이 있다. 우리는 때때로 그 경계를 무시하고 상대방의 시간을 요구하거나 개인적인 이야기를 강요할 때가 있다. 그러나 관계에서는 서로의 경계를 존중하는 것이 중요하다. 상대방이 편안하게 느끼는 수준에서 대화를 유지하고, 그들이 허용하는 범위 내에서만 소통하는 것이 관계를 건강하게 만드는 최고의 비결이다.

특히 처음 만난 사람에게는 무리하게 친근감을 표시하기보다 그들이 허락하는 범위 안에서 대화를 진행하는 편이 좋다. 예를 들어 상대방이 자신에 대해 이야기하기 꺼리는 부분이 있으면 그 상황을 존중하고, 다른 주제로 넘어가 자연스럽게 대화를 이어가는 지혜가 필요하다. 이러한 배려는 상대방에게 편안함을 줄 뿐만 아니라 나에 대한 신뢰를 쌓는 데도 큰 도움이 된다.

　존중의 태도는 작은 행동에서부터 시작된다. 상대방의 의견을 경청하고, 그들이 말하는 동안 끼어들지 않는 것만으로도 그들의 경계선을 지키는 데 큰 역할을 한다. 또한 상대방이 불편함을 느낄 수 있는 주제를 피하고, 그들의 공간과 시간을 존중하는 것이 중요하다.

　다섯째, 기억에 남는 작은 디테일에 신경 쓰자.

　사람들은 자신이 한 이야기를 기억해 주는 사람에게 호감을 느끼게 마련이다. 내가 상대방의 이야기에 관심을 가지고 있다는 사실은 그들에게 큰 위로와 동기부여가 된다. 이렇게 작은 배려가 쌓이면 상대방도 나를 특별하게 여기고, 더 깊은 대화를 나누게 된다.

　특히 네트워킹 모임에서 만난 사람은 대개 이름이나 직업 외에는 거의 기억에 남지 않는다. 그러나 상대방의 작은 디테일, 예를 들어 "지난번에 말씀하신 프로젝트는 어떻게 진행되고 있나요?"처럼 그들이 언급한 프로젝트나 가족 이야기 등을 기억하고 있다가 나중에 다시 언급하면 깊은 인상을 남길 수 있다. 만났을 때 명함이나 핸드폰 연락처 메모 란에 상대방의 특이사항을 적어두면 나중에 기억하는 데 도움이 된다. 이런 작은 디테일을 챙기면 그들은 나를 단순히 명함을 주고받은 사람 이상으로 여기게 되며, 관계는 더 깊어지게 된다. 이 같은 진심 어린 소통은 신뢰를 쌓는 데 큰 도움이 된다.

여섯째, 감정적인 에너지를 관리하자.

사람과의 만남은 즐겁지만, 때로는 감정적 에너지를 많이 소모할 수 있다. 모든 만남이 긍정적일 수는 없고, 어떤 만남은 피곤하거나 부정적인 감정을 남기기도 한다. 이처럼 감정적으로 힘든 만남이나 대화를 경험한 후에는 자신에게 휴식을 허락하고, 그 감정을 잘 다스릴 수 있는 시간을 가져야 한다. 감정적인 에너지를 잘 관리하면 사람들과의 만남에서 더 즐겁고 의미 있는 경험을 할 수 있다.

특히 20대에는 다양한 사람들과의 만남 속에서 자신을 끊임없이 드러내야 하는 상황이 많다. 이럴 때일수록 자신의 감정적 에너지를 어떻게 관리할 것인지를 생각해야 한다. 예를 들어 너무 많은 사람과의 만남이 예정되어 있다면 중간중간 자신만의 시간을 가지며 에너지를 재충전해야 한다. 감정적 에너지를 관리하지 않으면 사람을 만나는 일이 점점 부담스럽게 느껴지고, 만남 자체를 꺼리게 될 수도 있다.

★

　지금까지 나의 성장과 발전에 긍정적인 영향을 주기 위해 다양한 만남에서의 주의할 점들을 알아보았다. 사람들을 만날 때 장기적인 관점에서 사람을 바라보고, 상황에 맞게 기대하며, 상대방의 경계와 나의 감정적 에너지를 존중하는 자세가 중요하다. 또한 작은 디테일을 기억하고, 의미 있는 질문을 통해 대화를 깊이 있게 이끌어 가는 노력이 필요하다. 이런 점에 유의해 더 질 높은 인간관계를 형성해서 긍정적인 성장을 이루어 보자.

사람들과 만날 때 장기적인 관점에서 관계를 바라보고, 상대방을 존중하며, 의미 있는 대화를 통해 질 높은 관계를 형성하자.

- **장기적 관점 유지하기** : 만남에서 즉각적인 이익보다 장기적인 관계 구축을 목표로 하자.

- **현실적인 기대 설정하기** : 만남에서 얻을 수 있는 결과에 대해 현실적인 기대를 가지자.

- **의미 있는 질문 준비하기** : 대화를 깊게 만들 수 있는 질문을 미리 생각해 보자.

- **상대방의 경계 존중하기** : 상대방의 편안함과 개인적인 공간을 존중하자.

- **작은 디테일 기억하기** : 상대방이 말한 중요한 정보를 기억하고 다음에 언급해 보자.

- **감정적 에너지 관리하기** : 만남이 끝난 후에는 자신의 감정상태를 돌아보고, 자신에게 휴식을 허락하자.

거절당할
용기가 필요하다

20대는 새로운 도전과 기회를 통해 자신을 발견하고 성장해 가는 시기다. 하지만 그 과정에서 수없이 많은 거절과 마주하게 된다. 학교에서, 직장에서, 사람들과의 관계 속에서 우리는 종종 기대했던 문이 닫히는 경험을 한다. 이러한 거절은 누구에게나 불편하고 때로는 상처가 된다. 하지만 거절당할 용기를 가질 때 우리는 더 많은 기회를 만들어 갈 수 있다. 거절을 개인적인 실패로 받아들이지 않고, 그 속에서 배우고 성장하는 기회로 만드는 것이 중요하다.

많은 20대가 경험하는 거절 중 하나는 취업 과정에서의 거절이다. 대학을 졸업하고 첫 직장을 찾기 위해 여러 회사에 지원서를 제출하지만, 돌아오는 답변은 '안타깝게도 지원해 주신 직무는 귀하의 경험과 경력이 회사의 요구사항과 일치하지 않아 이번에는 함께하지 못하게 되었습니다'라는 냉정한 이메일일 때가 많다. 한두 번 거절을 당하면 자신감이 떨어지고, '내가 정말 부족한가?' '내가 원하는 직장은 나와 맞지 않는가?'라는 생각이 들 수 있다. 그러나 취업에서의 거절은 나의 능력을 부정하는 것이 아니다. 회사는 자신들이 필요로 하는 특정한 스킬셋과 문화를 맞추려 하는데, 그 부분에서 나와 맞지 않는다고 판단했을 뿐이다. 이는 나의 가치나 능력을 평가하는 것이 아니라 단지 그들의 기준에 맞지 않았을 뿐임을 기억하자.

또 다른 거절의 경험은 사람들과의 관계 속에서 일어난다. 예를 들어 새로운 사람들과의 네트워킹 자리에서 친해지고 싶었던 누군가가 나에게 큰 관심을 보이지 않거나, 심지어 무관심한 태도로 일관할 때 우리는 거절당한 기분을 느낀다. 이러한 경험은 때로는 자존감에 상처를 주기도 한다. 하지만 우리는 모두 각자의 문제와 상황을 가지고 있다. 다른 사람이 나의 접근에 반응하지 않는 이유는 그들의 사정에 따른 것이지,

나의 문제가 아니다. 우리는 상대방이 어떤 상황에 처해 있는지, 그들이 지금 어떤 마음 상태를 가지고 있는지 알 수 없다. 그렇기 때문에 거절을 나의 문제로만 받아들이지 말고, 상대의 입장을 이해하려는 노력이 필요하다.

20대의 연애에서도 거절은 흔히 일어난다. 좋아하는 사람에게 용기를 내어 마음을 표현했지만, 그 답변이 긍정적이지 않을 때 우리는 거절당한 기분을 느끼고 큰 상처를 입기도 한다. 하지만 이는 그 사람이 나와의 관계를 거절한 것이지, 나의 가치를 부정한 것은 아니다. 모든 사람이 나를 좋아할 수 없고, 그들 역시 자신의 이유와 상황이 있을 뿐이다. 사랑에서도 거절은 자연스러우며, 그것을 받아들이고 나아가는 태도가 중요하다. 거절당할 용기를 가지고 다음 만남과 기회를 향해 나아갈 때, 우리는 더 많은 인연을 만들 수 있다.

★

거절을 두려워하지 않기 위해서는 어떻게 해야 할까?

먼저 거절에 대한 우리의 해석을 바꾸는 것이 중요하다. 거절은 나를 부정하는 것이 아니라 그저 하나의 선택일 뿐이다. 사람들은 각자의 우선순위와 사정에 따라 선택을 한다. 그 선택이 나의 요청을 거절하는 것이라고 해서, 그것이 나의 가치를 판단하는 행동은 아니다. 우리는 모두 각자의 삶 속에서 끊임없이 선택하며 살아가고, 때로는 누군가의 요청에 응답할 수 없는 상황에 놓이기도 한다. 이처럼 거절은 일상적이며, 그것을 자연스럽게 받아들이는 태도가 필요하다.

거절당할 용기를 가지려면 우리가 거절을 경험할 때마다 그것을 학습의 기회로 삼으면 된다. 거절은 우리의 아이디어를 개선할 수 있는 기회요, 더 나은 방법을 찾는 동기가 될 수 있다. 예를 들어 누군가가 나의 제안을 거절했을 때, 그 이유를 물어보고, 그 피드백을 바탕으로 나의 접근방식을 개선할 수 있다. 이렇게 하면 거절은 단순한 실패가 아니라 나의 성장을 돕는 중요한 과정이 된다. 거절을 통해 배운다면 그 배움을 바탕으로 더 나은 기회를 만들어 갈 수 있다.

또한 거절을 두려워하지 않으면 새로운 관계를 구축하는 데에도 큰 도움이 된다. 관계 속에서 거절당한 경험 때문에, 그것이 두려워 새로운 만남을 피한다면 나는 성장할 수 없다. 거절은 관계의 자연스러운 부분이며, 모든 사람이 항상 나와 맞지는 않는다. 거절을 두려워하지 말고, 나 자신을 있는 그대로 받아들이며 새로운 사람들과의 만남을 이어간다면, 우리는 더 넓은 세상과 연결될 수 있다. 만남에서도 나의 진정성을 잃지 말고, 나의 가치를 믿으며 끊임없이 새로운 도전을 해 나가자.

거절을 개인적인 문제로 받아들이지 않는 태도는 우리의 자존감을 보호하는 데에도 중요한 역할을 한다. 거절을 두려워하지 않기 위해서는 나 자신에 대한 확신과 믿음이 필요하다. 나의 가치를 알고, 나의 아이디어와 제안이 충분히 의미가 있음을 스스로 믿어야 한다. 다른 사람의 거절이 나의 가치를 훼손하지 않으며, 나의 아이디어가 그 자체로 중요한 이유는 바로 나 자신이 그것을 믿기 때문이다. 자기 스스로를 신뢰할 때, 외부의 평가나 거절에 휘둘리지 않고 나의 길을 계속 걸어갈 수 있다.

★

거절당할 용기는 우리의 성장과 발전에 중요한 역할을 한다. 거절을 두려워하지 말고, 오히려 그것을 자연스럽게 받아들이며 나아갈 때 더 많은 기회를 잡을 수 있다. 거절은 나의 가치를 판단하는 일이 아니라, 그저 하나의 선택일 뿐임을 기억하자. 나의 가치를 스스로 믿고, 끊임없이 도전하는 용기를 가지자. 거절은 우리의 길을 막는 것이 아니라 오히려 더 나은 길을 찾아가는 과정의 일부이다.

거절을 두려워하지 않고, 거절을 성장의 기회로 받아들이며 더 많은 도전을 해 보자.

- **거절을 개인적으로 받아들이지 않기** : 거절은 나의 가치가 아닌 상황에 따른 결과임을 인식하자.
- **피드백 요청하기** : 거절당했을 때 그 이유를 물어보고 개선점을 찾아보자.
- **도전을 지속하기** : 거절에도 불구하고 목표를 향해 계속 노력하자.
- **자존감 유지하기** : 자신의 능력과 가치를 믿고 자신감을 잃지 말자.
- **거절 경험 공유하기** : 주변 사람들과 거절 경험을 나누며 서로 격려하자.

연애할 시간이
없다는 핑계

20대는 연애에 대해서도 고민을 많이 하는 시기다. 연애 고민 중에서도 일이나 학업이 바쁘고 목표를 이루기 위해 달려가다 보니 연애할 시간이 없다는 토로를 많이 한다. '연애를 하면 집중력이 떨어진다' '연애가 목표 달성에 방해가 된다'는 조언을 들을 때도 있다. 하지만 연애는 우리가 성인으로 성장하고, 더 넓은 세상을 경험하는 데 중요한 부분이기 때문에 연애 자체를 피할 필요는 없다. 마찬가지로 연애가 내 삶의 모든 것을 차지하지 않도록 내 인생을 중심에 두고, 건강하게 연애 관계를 유지하는 것이 중요하다.

★

연애는 삶에 긍정적인 영향을 미칠 수 있다. 나는 그 예로 마크 저커버그를 든다. 페이스북의 창업자인 마크 저커버그는 하버드대학교를 다니던 시절에 제적될 위기에 처했다. 2003년 당시 저커버그가 개발한 '페이스매시(Facemash)'라는 프로그램이 문제의 원인이었다. 페이스매시는 학생들의 사진을 비교해 누가 더 매력적인지를 투표하게 하는 프로그램이었다. 저커버그는 이를 위해 학교의 서버에 무단으로 접근해 학생들의 사진을 가져와 사용했다. 이 사건으로 학교는 그를 퇴학시킬지 말지를 결정해야 하는 상황에 놓였고, 저커버그는 미래가 불확실한 상황에 처했다.

저커버그의 친구들은 퇴학당할 확률이 높은 그를 위해 작은 송별 파티를 열어주었다. 저커버그는 파티장 화장실에서 줄을 서다 프리실라 챈이라는 여성을 만났다. 이 우연한 만남은 곧 연애로 발전했고, 두 사람은 이후 페이스북을 창업하고 나서도 관계를 계속 이어갔다. 알다시피 페이스북은 빠르게 성장하며 전 세계적으로 주목을 받았다. 저커버그는 수많은 압박 속에서도 챈과의 관계를 유지했다. 그들은 서로의 바쁜 일정 속에서도 함께 시간을 보내며, 서로의 삶에 중요한 역할을 했다.

마침내 첫 만남 9년 후인 2012년 페이스북이 뉴욕증권거래소에 상장한 다음 날, 둘은 가족과 친구들을 앞에 두고 집 뒷마당에서 작은 결혼식을 올렸다. 그날은 페이스북 상장이라는 역사적인 순간임과 동시에 두 사람의 관계가 얼마나 깊고 의미 있었는지를 보여주는 날이었다.

저커버그와 챈은 서로의 삶을 존중하며 각자의 목표를 추구하면서도 관계를 지속해 왔다. 저커버그가 페이스북을 키워 갈 때 챈은 의대를 졸업하고 소아과 의사가 되었다. 그들은 각자의 삶을 충실히 살아가면서도 서로를 지지하고 함께하는 시간을 소중히 여겼다. 연애가 서로 중요한 결정을 내리는 데에 큰 도움이 되었고, 정서적으로 더 안정되게 해 주었다고 둘은 인터뷰를 통해 여러 번 밝혔다.

이런 예를 보면 연애는 우리 인생에 걸림돌이 아니라 오히려 더 큰 힘과 영감을 줄 수 있다. 저커버그와 챈처럼 연애를 하면서도 자신의 목표와 꿈을 잃지 않고, 서로를 존중하며 함께 성장할 수 있다. 물론 연애가 삶의 모든 것을 차지해서는 안 된다. 연애는 나의 삶을 더 풍요롭게 하고, 서로 긍정적인 영향을 미칠 수 있을 때 비로소 진정한 가치를 가진다.

★

균형 잡힌 연애를 유지하는 방법은 무엇일까? 우선 나 자신을 잃지 말아야 한다. 연애가 시작되면, 우리는 종종 상대방에게 집중하고 상대의 기대에 부응하려고 노력하다 나 자신을 돌보는 데 소홀해질 수 있다. 그러나 연애는 나의 삶을 보완해 주는 관계이지, 나의 삶 전체가 되어서는 안 된다. 연애를 통해 우리는 더 넓은 시각을 얻고, 서로의 관계 속에서 자신을 발견해야 한다.

그리고 나의 삶에서 무엇이 중요한지를 명확히 알아야 한다. 연애는 그저 나의 일부분이므로 나의 꿈, 나의 목표, 나의 행복은 연애와 독립적으로 존재해야 한다. 상대방과 함께하는 시간을 즐기되, 나 자신을 위한 시간도 소중히 여기고, 나의 목표를 이루기 위한 노력도 멈추지 말아야 한다. 또한 연애를 하면서 상대방의 삶을 존중하고, 서로의 성장을 지지하는 일도 중요하다. 그렇게 할 때 연애가 인생에서 더욱 빛나는 부분이될 수 있다.

연애를 삶의 일부로 받아들이고, 개인의 성장과 목표를 유지하면서 건강한 관계를 형성하자.

- **균형 잡힌 삶 추구하기 :** 연애와 개인의 목표 사이에서 균형을 유지하자.

- **자신의 삶 중심에 두기 :** 연애에만 몰두하지 않고 자기계발에 꾸준히 힘쓰자.

- **천천히 만나고, 빠르게 정리하자 :** 연애를 결심하는 것은 천천히 하되, 나 자신이 상대와 혹은 이 관계와 관련된 어떤 부분 때문에 미래가 계속 힘들 것 같다고 느낀다면 하루라도 빨리 정리하자.

- **시간관리하기 :** 연애와 일정을 조율하여 효율적으로 시간을 활용하자.

- **연애에 대한 두려움 극복하기 :** 연애를 통해 얻을 수 있는 긍정적인 영향을 인식하자.

PART 3

능력

Skillsets

학교에서 배우지 못하는 인생 능력

학교는 학생들에게 지식을 제공하고, 이론적 배경을 가르치는 곳이다. 특히 20대는 대부분 대학에서 공부하며 지식을 쌓고 미래를 준비한다. 그런데 많은 사람이 졸업 후 사회에 나갔을 때 느끼는 점이 있다. 살아가면서 필요한 모든 지식을 학교에서 배우지 못했다는 사실이다. 학교에서 배우는 이론과 지식은 분명히 필요하지만, 그것만으로는 삶의 중요한 문제들을 해결할 수 없다.

그렇다면 20대에 꼭 키워야 할 능력은 무엇일까? 학교에서는 배울 수 없었지만, 인생에서 반드시 필요한 능력이 무엇인지 살펴보자.

★

첫째, 문제해결 능력

우리는 학교에서 정해진 문제에 대해 정해진 해답을 찾는 공부를 한다. 시험에서도 미리 나와 있는 공식이나 이론을 적용해 정답을 도출해야 한다. 하지만 실생활에서는 문제의 답이 명확하지 않거나 답이 여러 개일 때가 많다. 심지어 문제 자체가 무엇인지 모를 때도 있다. 따라서 우리가 진짜로 배워야 할 것은 문제 자체를 정의하고, 그것을 해결하는 능력이다.

사회에서는 각기 다른 상황과 조건에서 다양한 문제들이 발생한다. 예를 들어 직장에서 새로운 프로젝트를 맡게 되었을 때, 그 프로젝트에 대한 명확한 가이드라인이 없는 경우가 많다. 이때 우리는 스스로 문제를 정의하고, 그 문제를 해결할 방법을 찾아야 한다. 이 과정에서 창의적인 사고와 유연한 접근방식이 필요하다. 따라서 20대에는 문제해결 능력을 키우기 위한 다양한 도전과 경험을 쌓아야 한다.

둘째, 감정관리 능력

감정관리는 학교에서는 잘 다루지 않는다. 하지만 사회에 나가 일을 하거나 사람들과 관계를 유지하는 데 있어 감정을 잘 다스리는 능력은 매우 중요하다.

우리는 사회생활을 하면서 다양한 사람들을 만나고, 때로는 갈등을 겪기도 한다. 이때 감정을 적절히 조절하고, 상대방의 감정을 이해하는 능력이 필요하다. 예를 들어 직장에서 동료와의 갈등상황에서 화를 참지 못하고 감정적으로 대응한다면 그 갈등은 더 큰 문제로 번질 수 있다. 반면에 감정을 잘 조절하고, 상대방의 입장을 이해하려는 태도를 가지면 갈등을 효과적으로 해결할 수 있다.

또한 감정관리는 단순히 사람들과의 관계뿐만 아니라 나 자신을 이해하고 성장하는 데에도 중요한 역할을 한다. 스트레스 상황에서 내가 어떻게 반응하는지, 어떤 방식으로 감정을 해소하는지 파악해 두면 나 자신을 잘 이해하고 관리하는 데 도움을 준다. 감정을 잘 관리할 수 있는 능력을 키우면 더 나은 결정을 내릴 수 있고, 더 건강한 관계를 유지할 수 있다.

셋째, 적응력과 유연성

세상은 빠르게 변화하고 있다. 우리가 학교에서 배운 지식과 기술, 정보는 빠르게 변화하는 환경 속에서 금방 구식이 될 수 있다. 따라서 우리가 20대에 반드시 키워야 할 능력 중 하나는 적응력과 유연성이다.

적응력은 새로운 상황에 직면했을 때 그 상황에 맞춰 자신을 변화시키는 능력이다. 유연성은 고정된 사고방식에서 벗어나 다양한 접근방식을 시도하는 것을 말한다. 예를 들어 내가 익숙한 분야에서 갑자기 다른 분야로 이동하게 될 때, 그 변화에 어떻게 대처하느냐에 따라 나의 성장이 달라진다.

학교에서는 정해진 커리큘럼과 방식으로 배우지만, 사회에서는 예측할 수 없는 상황들이 많이 발생한다. 적응력과 유연성을 길러두면 우리는 새로운 환경에 빠르게 적응하고, 변화에 유연하게 대처할 수 있다.

넷째, 재무관리 능력

재무관리 또한 학교에서 잘 가르치지 않는 중요한 능력 중 하나다. 대부분의 사람들은 사회에 나와서야 자신의 재정을 직접 관리하게 된다. 월급을 받으면 어떻게 지출하고, 저축하고, 투자할지를 계획해야 한다. 하지만 재무관리를 제대로 배우지 않으면 돈을 어떻게 다뤄야 할지 몰라 불필요한 소비를 하거나 재정적 어려움에 빠질 수 있다.

따라서 20대에는 미래를 위해 재무관리 능력을 키워야 한다. 소득이 생기기 시작할 때부터 저축을 얼마나 할 것인지, 투자를 어떻게 할 것인지, 불필요한 지출을 어떻게 줄일 것인지에 대한 구체적인 계획을 세워야 한다. 재무관리는 단순히 돈을 아끼는 것이 아니라 장기적인 목표를 세우고 그것을 달성하기 위한 전략을 세우는 과정이다.

재무관리 능력을 키우기 위해서는 직접적인 경험이 필요하다. 20대에 소액이라도 저축과 투자를 시작하고, 자신의 지출 패턴을 분석하는 습관을 길러야 한다. 또한 재무관리는 나의 장기적인 꿈과 목표를 이루기 위한 중요한 도구임을 이해해야 한다. 돈을 잘 관리하는 사람은 자신이 원하는 삶을 더 안정적으로 만들어 갈 수 있다.

다섯째, 독립적인 사고와 의사결정 능력

학교에서는 정답을 맞추는 데 초점을 맞추지만, 정작 인생에서는 정답이 없는 경우가 대부분이다. 따라서 독립적으로 사고하고, 결정을 내리는 능력이 필요하다. 남들이 말하는 대로 따라가는 것이 아니라 내가 생각하고 판단할 수 있어야 한다.

독립적인 사고는 문제를 여러 가지 관점에서 분석하고, 자신만의 답을 찾아가는 과정을 의미한다. 이는 내가 어떤 결정을 내릴 때 주변의 의견을 참고하되, 최종적인 결정은 스스로 내리는 것을 말한다. 20대에는 수많은 선택의 순간이 찾아온다. 그때마다 독립적으로 사고하고, 결정을 내릴 수 있어야 인생을 주체적으로 살아갈 수 있다.

독립적인 사고는 타인의 의견에 휘둘리지 않고, 나만의 기준을 세우는 것에서 시작한다. 학교에서는 주로 선생님이나 교수님의 의견을 따르는 경우가 많지만, 사회에서는 나만의 기준과 원칙을 세우고 그것을 바탕으로 결정을 내리는 것이 중요하다. 이를 위해서는 다양한 경험과 지식을 쌓고, 나의 가치관을 형성해 나가는 과정이 필요하다.

★

인생에서 정말 필요한 능력들은 학교에서 배우지 못한다. 문제해결 능력, 감정관리 능력, 적응력과 유연성, 재무관리 능력, 독립적인 사고와 의사결정 능력은 모두 인생을 성공적으로 살아가기 위해 반드시 필요한 능력들이다. 20대에는 이러한 능력들을 키우기 위해 다양한 경험을 쌓고, 직접 부딪쳐 보자. 학교에서는 배울 수 없는 중요한 능력들을 스스로 길러 가면서, 더 성숙한 사람으로 성장해 가자.

학교에서 배우지 못한 문제해결 능력, 감정관리, 적응력 등을 스스로 개발하여 인생의 다양한 상황에 대비하자.

- **문제해결 능력 키우기** : 다양한 도전에 스스로 맞서고 해결해 보자.
- **감정관리 연습하기** : 스트레스 관리 기법이나 명상 등을 통해 감정조절 능력을 향상시키자.
- **대인관계 능력 개발하기** : 다양한 사람들과 소통하며 사회성을 기르자.
- **적응력과 유연성 높이기** : 변화에 열린 마음을 가지고 새로운 환경에 적극적으로 적응하자.
- **재무관리 배우기** : 예산 세우기, 저축 등 재무관리를 실천해 보자.
- **의사결정 능력 키우기** : 다양한 경험과 지식을 쌓고, 나의 가치관을 형성해 나가자.

팀워크와
협업의 힘

20대 초중반에 다양한 활동을 하면서 내가 가장 많이 받았던 지적은 바로 역할과 권한 위임이었다. 어떤 프로젝트를 시작하든, 내 머릿속에 그려지는 완성된 모습을 만들기 위해 나는 대부분 혼자서 실행하거나 결정을 내렸다. 이 때문에 함께 일하려고 했던 친구들과 동료들에게 무력감과 실망감을 안겼다. 이에 대해 비판을 들으면서 그 점을 바꾸려고 노력했지만 쉽지 않았다. 사실 나의 관점을 완전히 바꾼 순간은 20대 후반 봄의 끝자락이었다.

스타트업 창업을 결심하고 열심히 투자자들을 모색하던 2021년 초, 약 5년 전 한 네트워킹 모임에서 만나 인사하고 아주 가끔 안부를 주고받았던 한 유대인 투자자의 소식을 접했다. 그는 링크드인(LinkedIn)에 자신과 자신의 친구들이 투자할 유망한 창업 팀들을 찾고 있으니 관심이 있으면 연락을 달라는 글을 올렸고, 우연히 그 글을 접한 나는 사업계획서 등을 정리해 메일을 보냈다.

그는 주말 오후 브루클린에 위치한 자신의 집으로 나를 초대했다. 5년 전에 한 번 인사한 게 전부인 나를 자신의 집으로 초대한 것도, 또 평소에 전혀 방문하지 않았던 유대인 동네를 방문하는 일도 신기했다. 그는 나를 응접실로 안내해 음료와 과자를 내어주며 반갑게 맞이한 후 창업 아이템에 대해 소개해 달라고 했다.

약 5분 정도 열심히 사업계획을 설명하고 있는데, 그는 갑자기 양해를 구하고 핸드폰을 꺼내 누군가에게 전화해 히브리어로 무언가를 전달했다. 그리고 몇 분 후 초인종이 울렸고, 그가 연락했던 사람이 들어오며 둘은 반갑게 인사를 나누었다. 이후 전화를 걸고 몇 분 후 초인종이 울리는 상황이 몇 번 더 반복되었고, 나는 갑자기 전통 유대인 복장을 입은 여러 남성들 앞에서 사업 아이디어를 설명하는 상황이 되었다.

나를 집으로 초대한 투자자는 나의 설명을 들은 후 날카로운 질문을 여러 개 던졌다. 하나하나 질문에 자세하게 답변을 하자, 그는 미소를 띠며 그가 초대한 지인들에게 "잘될 수 있을 것 같으니 우리가 같이 투자했으면 좋겠다"라고 이야기했다.

좋은 소식을 곧 전하겠다며 그는 나를 배웅해 주러 집 앞까지 함께 걸어 나왔다. 그리고 맞은편에 공사가 진행되고 있는 한 건물을 가리키며 말했다.

"저 건물, 아까 우리 집에서 만난 친구들과 함께 산 거야. 각자 아이들을 많이 낳았는데 함께 살았으면 해서 다 같이 돈을 모아서 저 건물을 샀지."

나는 대단하다며 언제 건물 공사가 끝날지 물었다. 하지만 그는 완공 날짜보다 그 건물을 높일 수 있게 된 계기에 대해 더 큰 자부심을 보이며 이야기를 이어갔다.

"저 건물이 원래 층수를 더 높일 수 없었는데, 우리는 그 법을 바꾸기 위해 10년 넘게 시의회 의원들과 친해지며 그들을 설득했어. 한 명 한 명과 관계를 맺고 설득하니 결국 시간이 걸렸지만 우리가 원하는 방향으로 흘러가더라."

그리고 그는 나의 머릿속에 오래 남을 마지막 한마디를 남겼다.

"우리 유대인들은 무엇이든 함께해. 회사에 투자하든, 집을 사든, 동네를 만들든…. 함께 협력해야 우리가 원하는 세상을 만들 수 있다고 믿어."

★

이 경험은 나의 팀워크와 협업에 대한 관점을 완전히 바꿔 놓았다. 나는 더 이상 혼자서 모든 것을 하려는 태도를 버리고, 주변 사람들과 협업하기 위해 각자의 강점을 파악하고 인정해야 한다는 사실을 깨달았다. 그 이후로 나는 공동창업자들 그리고 팀원들의 역할과 책임을 명확히 구분하여 권한을 위임하기 시작했다. 그러자 놀랍게도 일의 효율성이 높아지고 더 많은 결과를 내기 시작했다.

장기적으로 볼 때 다양한 사람들과 협업한 경험은 리더십 역량을 강화시킨다. 리더란 팀원들의 다양한 능력과 성향을 이해하고, 이를 조화롭게 이끌어가는 사람이기 때문이다. 다양한 배경을 가진 사람들과 협업하는 능력은 조직 내에서 더 큰 역할을 맡게 될 때 큰 자산이 된다.

우리가 잘 아는 세계적인 기업들도 협업과 팀워크로 성장했다. 마이크로소프트는 빌 게이츠와 폴 앨런이라는 두 공동창업자가 각자의 강점을 살려 회사를 설립했다. 게이츠는 비즈니스 전략과 소프트웨어 개발에 강점이 있었고, 앨런은 기술적인 비전을 제시하며 둘은 함께 회사를 성장시켰다. 애플 역시 스티브 잡스와 스티브 워즈니악의 협업으로 시작되었다. 잡스는 디자인과 마케팅에 뛰어났고, 워즈니악은 엔지니어링의 천재였다. 두 사람의 조합은 혁신적인 제품을 만들어 내며 애플을 세계적인 기업으로 성장시켰다. 구글 또한 래리 페이지와 세르게이 브린이 공동창업한 회사로, 두 사람은 스탠퍼드대학에서 만났다. 이처럼 거대한 기업들의 성공 뒤에는 협력과 팀워크가 있었다.

이 사례들은 혼자보다 서로 다른 능력과 관점을 가진 사람들이 함께할 때 더 큰 성과를 낼 수 있음을 보여준다.

★

그럼 협업과 팀워크 능력을 키우기 위해서는 무엇이 필요할까?

첫째, 열린 마음으로 다른 사람들의 의견을 경청해야 한다. 자신의 생각에만 집착하지 말고, 다른 사람들의 아이디어를 수용할 수 있어야 한다.

둘째, 명확한 의사소통이 중요하다. 오해를 줄이고 효율적인 협업을 위해 자신의 의견을 분명하게 전달하고, 상대방의 의도를 정확히 파악해야 한다.

셋째, 책임감과 신뢰를 구축해야 한다. 팀원들과의 약속을 지키고, 맡은 역할을 성실히 수행하면 신뢰를 쌓을 수 있다.

넷째, 다양한 사람들과의 협업을 위해 네트워크를 확장하는 일도 중요하다. 동아리활동, 봉사활동, 커뮤니티 모임 등을 통해 다양한 분야의 사람들과 만나 교류해야 한다. 이러한 경험은 새로운 시각을 얻고, 협업의 기회를 넓히는 데 큰 도움이 된다.

다섯째, 실패를 두려워하지 말아야 한다. 협업 과정에서 갈등이나 문제는 언제든지 발생할 수 있다. 다만 이를 어떻게 극복하고 배우느냐가 중요하다. 실패를 통해 배우고 성장할 수 있다면 그것은 앞으로의 협력에 큰 자산이 될 것이다.

★

세상에 혼자서 할 수 있는 일은 없다. 우리의 꿈과 목표를 이루기 위해서는 다른 사람들과의 협업이 필수이다. 다양한 사람들과 함께 일하며 성장하는 경험은 우리를 더욱 성숙시키고 능력 있는 사람으로 만들어 준다. 그러니 편안함에 머물지 말고, 새로운 사람들과 협업하여 더 큰 성취를 이루어 보자.

다양한 사람들과의 협업을 통해 자신의 한계를 넘어 더 큰 성과를 달성할 수 있다. 비슷한 사람들과만 어울리지 말고, 다른 능력과 관점을 가진 사람들과 협업하여 창의성과 문제해결 능력을 향상시키자.

- **다양한 배경의 사람들과 교류하기 :** 동아리, 스터디 그룹, 봉사활동 등을 통해 다양한 전공과 직업을 가진 사람들을 만나보자.
- **팀 프로젝트 참여하기 :** 학교나 직장에서 팀 프로젝트에 적극적으로 참여하여 협업 경험을 쌓자.
- **의사소통 능력 향상시키기 :** 적극적으로 의견을 나누고, 경청하며, 명확하게 의사소통하는 연습을 하자.
- **역할 분담과 책임감 가지기 :** 팀 내에서 자신의 역할을 명확히 하고 책임을 다하자.
- **갈등관리 연습하기 :** 협업 과정에서 발생하는 갈등을 건설적으로 해결하는 능력을 기르자.

커리어의 반 이상은
커뮤니케이션이다

사회생활에서 이메일은 비즈니스 커뮤니케이션의 핵심도구이다. 업무의 대부분이 이메일을 통해 이루어지며, 중요한 정보 전달과 의사결정이 이메일 한 통으로 결정되기도 한다. 그러나 의외로 많은 사람이 기본적인 이메일 작성 에티켓을 숙지하지 못한 채 사회생활을 시작한다. 이는 상대방에게 좋지 않은 첫인상을 줄 수 있으며, 커리어에 부정적인 영향을 미칠 수 있다.

이메일 작성의 기본은 상대방의 시간을 존중하고 명확한

내용을 전달하는 것이다. 바쁜 업무 중에 긴 이메일을 읽는 일은 부담스럽다. 따라서 가능한 한 이메일의 길이는 스마트폰 화면 두 쪽을 넘지 않도록 간결하게 작성하는 편이 좋다. 핵심 내용을 중심으로 불필요한 설명이나 장황한 표현은 피하고, 필요한 정보만을 명확하게 전달해야 한다.

또한 이메일을 작성할 때는 읽는 사람이 꼭 봐야 할 중요한 내용을 적절하게 강조하면 좋다. 이는 볼드체나 하이라이트를 사용하여 핵심 포인트를 부각시키면 된다. 하지만 지나친 강조는 오히려 가독성을 떨어뜨리므로 적절히 사용해야 한다. 예를 들어 마감일이나 중요한 일정, 핵심 요청사항 등을 볼드체로 표시하면 상대방이 놓치지 않고 확인할 수 있다.

이메일의 톤앤매너도 신경 써야 한다. 너무 캐주얼한 표현이나 이모티콘의 남발은 비즈니스 환경에서는 적절하지 않다. 상대방과의 관계나 회사의 문화에 따라 다를 수 있지만, 기본적으로는 정중하고 예의 바른 표현을 사용해야 한다. 이메일의 시작과 끝에는 간단한 인사말을 포함하고, 상대방의 이름을 정확하게 기재해야 한다. 예를 들어 '안녕하세요, ○○○님. 지난 회의에서 논의한 프로젝트 관련하여 추가자료를 보내드립니다'와 같이 상대방을 존중하는 태도로 이메일을 시작하면 긍정적인 인상을 줄 수 있다. 또한 이메일의 마지막에는 '감사

합니다' 등을 덧붙여 예의를 갖추면 좋다.

맞춤법과 문법에도 주의해야 한다. 작은 오타나 문법 오류에도 전문성과 신뢰감이 떨어질 수 있다. 이메일을 보내기 전에는 반드시 한 번 더 검토하여 오류를 수정하고, 문장이 자연스러운지 확인해야 한다.

이메일의 제목은 내용을 한눈에 파악할 수 있도록 구체적으로 작성하는 것이 좋다. 예를 들어 '회의 일정 변경 안내' 또는 '프로젝트 A 예산 승인 요청'과 같이 제목만으로도 이메일의 목적을 알 수 있게 하면, 상대방이 이메일을 우선순위에 따라 응답, 처리하는 데 도움이 된다.

필요한 경우 첨부 파일이나 링크를 활용하여 추가 정보를 제공할 수 있다. 이때 첨부 파일의 이름은 내용과 일치하게 명명하고, 이메일 본문에서 첨부 파일의 존재를 언급하여 상대방이 놓치지 않도록 해야 한다.

이메일을 보낼 때는 수신인과 참조인의 구분도 중요하다. 직접적인 행동이 필요한 사람은 수신인(To)에, 관련 정보를 참고하면 되는 사람은 참조인(CC)에 포함시킨다. 이를 명확하게 구분하면 책임소재가 분명해지고, 업무 진행이 원활해진다. 또한 비밀참조(BCC)는 주의해서 사용해야 한다. 상대방에게 알리지 않고 다른 사람을 포함시키면 신뢰를 저해할 수 있으므로, 특별한 경우가 아니라면 사용을 자제하는 편이 좋다.

이메일은 기록으로 남는 공식적인 커뮤니케이션 수단이다. 따라서 감정적인 표현이나 부정적인 어투는 피하고, 객관적이고 전문적인 태도로 내용을 전달해야 한다. 문제가 발생했을 때는 해결방안을 함께 제시하고, 책임을 전가하는 표현보다는 협력적인 자세를 보이는 것이 바람직하다.

마지막으로 이메일의 응답시간에도 신경을 써야 한다. 가능한 한 신속하게, 늦어도 48시간 이내에는 답변해야 상대방에게 신뢰감을 줄 수 있다. 만약 즉각적인 답변이 어려울 경우, 언제까지 답변이 가능한지 간단히 알려주는 것도 좋다.

★

2023년 말 뉴욕에서 자기계발 크리에이터 드로우앤드류와 게리 바이너척을 연결해 주었다. 그리고 연말에 서울에서 앤드류 님을 만나 "다음엔 누구를 만나고 싶으세요?"라고 묻자 바로 "세스 고딘"이라는 이름이 나왔다. 그날 밤, 식사를 마치고 집으로 돌아가는 택시 안에서 나는 세계적인 마케팅 구루 세스 고딘에게 이메일을 보냈다. 수신자에게 어필할 수 있는 제목을 적고, 나를 소개하는 부분을 두 문장 정도로 간략하게 적고, 제안 내용을 쉽게 확인할 수 있도록 볼드 처리와 URL

링크를 넣었다. 그리고 제안의 세부사항에도 눈에 잘 띄게 볼드 처리와 하이라이트를 적용했다. 이처럼 언어와 상관없이 받는 사람이 쉽게 읽고 이해할 수 있도록 이메일을 보내는 것은 전 세계 공통이다. 자고 일어나니 세스 고딘에게 제안을 수락하는 답장이 와 있었다.

Interview with Korea's most famous millennial influencer (online) External ☆

Inbox

me Oct 10
to

Hi Seth,

My name is Tae Young Woo and I run a Seoul-based book publisher called Blue Books Media that has translated books by renowned industry leaders including Gary Vaynerchuk (VaynerMedia), Scott Harrison (charity: water), and Jon Levy (The Influencers) for the Korean market. I've worked with numerous Korean influencers to share stories of incredible authors to the Korean audience, and wanted to reach out to **propose an online interview with Korea's most famous millennial influencer!**

DrawAndrew (Andrew Choi) has almost 650K YouTube subscribers + 113K Instagram followers, and is the most influential Korean millennial creator focused on self-development and personal branding. I recently connected Andrew with Gary Vaynerchuk in NY, and he has told me for years that you are his favorite author (he has promoted your books multiple times on his channel)!

I'd love to connect you to Andrew for a 30-min Zoom interview that would go up on his channel. Would you be available **anytime from now until the end of this year**? It would mean so much to Andrew as well as your fans in Korea to make this interview happen.

Thank you,
Tae Young

★

커리어의 반 이상은 커뮤니케이션이라고 해도 과언이 아니다. 특히 이메일은 그 중심에 있으며, 효과적인 이메일 작성 능력은 업무 성과와 직결된다. 상대방의 시간을 존중하고, 명확하고 간결하게 내용을 전달하며, 정중하게 표현하면 긍정적인 첫인상을 남길 수 있다. 이는 장기적으로 신뢰를 구축하고 성공적인 커리어를 쌓는 데 큰 도움이 될 것이다.

효과적인 커뮤니케이션 능력은 직장생활에서 필수적이다. 특히 이메일 작성은 상대방에게 프로페셔널한 이미지를 심어줄 수 있는 중요한 수단이다. 명확하고 간결한 의사소통으로 업무 효율을 높이자.

- **이메일 길이 조절하기** : 핵심 내용을 중심으로 이메일을 간결하게 작성하자.
- **명확한 제목 작성하기** : 이메일의 목적을 한눈에 알 수 있도록 구체적인 제목을 쓰자.
- **중요한 내용 강조하기** : 볼드체나 하이라이트를 사용하여 핵심 정보를 부각시키자.
- **정중한 표현 사용하기** : 예의 바른 인사말과 마무리 인사를 포함하자.
- **맞춤법과 문법 체크하기** : 이메일을 보내기 전에 오류를 검토하여 전문성을 보여주자.

한정된 시간을
효율적으로 사용하자

디지털 컨설턴트 디노 앰브로시(Dino Ambrosi)는 '당신의 시간을 위한 전쟁 - 소셜미디어의 비용을 밝히다'라는 TEDx 강연에서 우리가 가진 시간의 가치를 시각적으로 보여주며 강연을 시작했다. 평균 수명인 90세를 기준으로 우리의 삶을 점으로 표현했는데, 그 점들은 생각보다 많지 않았다. 잠, 일, 식사, 개인위생 등 필수적인 활동에 소비되는 시간을 제외하니, 우리가 자유롭게 활용할 수 있는 시간은 매우 제한적이었다.

특히 충격적이었던 내용은 18세 청소년이 앞으로 남은 인생의 자유시간 중 93%를 스크린 앞에서 보낸다는 통계였다. 소셜미디어, 넷플릭스, 비디오 게임 등 디지털 콘텐츠가 우리

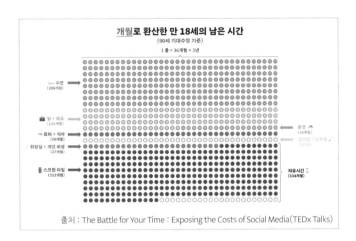

개월로 환산한 만 18세의 남은 시간
(90세 기대수명 기준)
1 줄 = 36개월 = 3년

출처 : The Battle for Your Time : Exposing the Costs of Social Media(TEDx Talks)

의 소중한 시간을 잠식하고 있었다. 그는 과도한 스크린 사용이 우리의 정신건강과 인지능력에 부정적인 영향을 미친다고 강조했다. 짧은 시간 안에 수많은 정보에 노출되며, 우리는 집중력을 잃고 만성적인 산만함에 시달리게 된다고 말했다.

디노 앰브로시는 소셜미디어 플랫폼들이 우리의 행동을 어떻게 조작하고, 시간을 빼앗는지에 대해서도 이야기했다. 이들 플랫폼은 우리의 관심을 최대한 오래 붙잡아두기 위해 설계되어 있으며, 이는 결국 우리의 삶에서 중요한 것들을 놓치게 만든다. 예를 들어 인스타그램은 화려한 외모와 라이프스타일에 집착하게 만들고, 트위터(X)는 깊이 있는 사고보다는 단편적인 정보에만 몰두하게 만든다. 이러한 디지털 환경에서 우리는 스스로를 잃어가고 있다.

★

이 강연을 보며 나는 깊은 생각에 잠겼다. 20대들은 무한한 가능성과 잠재력을 가지고 있지만, 이를 실현하기 위한 시간은 한정되어 있다. 우리의 하루하루는 미래의 나를 만들어 가는 과정이다. 그런데 무의식적으로 스크린에 빠져 시간을 허비한다면 나중에 돌이켜봤을 때 후회만 남을지도 모른다.

물론 디지털 기기와 소셜미디어는 현대사회에서 필수적인 도구이다. 정보를 얻고, 사람들과 소통하며, 새로운 기회를 발견하는 데 유용하다. 하지만 그것들이 우리의 삶을 지배하도록 두어서는 안 된다.

시간관리는 단순히 스케줄을 짜고 할 일을 목록화하는 것이 아니다. 삶의 우선순위를 정하고, 진정으로 가치 있는 것에 집중하는 과정이다. 내가 무엇을 이루고 싶은지, 어떤 사람이 되고 싶은지를 명확히 하고, 그 목표를 향해 효율적으로 시간을 활용해야 한다. 그리고 그 과정에서 불필요한 시간낭비 요소를 제거하는 용기가 필요하다.

휴식 또한 삶에서 빼놓을 수 없는 중요한 부분이다. 그러나 남들이 좋다고 하는 휴식방법을 무조건 따라 하기보다는 나에게 진정으로 도움이 되는 휴식방법을 찾아야 한다. 어떤 사람에게는 조용한 독서가, 또 다른 사람에게는 신나는 운동이

나 여행이 최고의 휴식일 수 있다. 핵심은 자신의 몸과 마음이 무엇을 필요로 하는지 깊이 들여다보고, 그에 맞는 방식을 선택하는 것이다.

그리고 휴식을 취할 때만큼은 디지털 기기로부터 잠시 벗어나 보는 것을 추천한다. 자연 속에서 산책을 하거나 명상을 통해 마음을 비우는 등 아날로그적인 활동은 우리의 정신을 맑게 하고 창의력을 높여준다. 이러한 시간들은 단순한 휴식을 넘어 자신을 재발견하고 성장시키는 계기가 될 수 있다.

★

디노 앰브로시는 우리의 시간이 단순히 소비되는 것이 아니라 투자된다는 점을 강조했다. 오늘의 시간을 어떻게 사용하느냐에 따라 미래의 나의 모습이 결정된다는 말이다. 만약 시간을 의미 있게 사용한다면 우리는 더 나은 자신을 만들어 갈 수 있다. 반대로 무의미한 활동에 시간을 낭비한다면 그 결과는 고스란히 우리의 삶에 돌아올 것이다.

20대에 시간을 효율적으로 관리하지 않으면 소중한 기회를 놓칠 수 있다. 새로운 기술을 배우고, 인간관계를 형성하며, 자신만의 스토리를 만들어 가기 위해서는 의도적인 시간 투자가 필요하다. 우리에게 시간은 무한정으로 주어지지 않음을 인지하고, 하루하루를 소중히 여겨야 한다.

또한 시간관리는 자기 자신에 대한 사랑이자 책임이다. 우리는 누구나 똑같은 24시간을 가지고 있지만, 그것을 어떻게 활용하느냐에 따라 전혀 다른 삶을 살게 된다. 지금 이 순간부터 스스로의 시간을 소중히 여기고, 나에게 진정으로 의미 있는 일에 집중해 보자. 불필요한 스크롤링이나 무의미한 영상 시청을 줄이고, 그 시간을 꿈을 향해 한걸음 더 나아가는 데 사용해 보자. 그렇게 하면 미래의 나는 지금의 나에게 감사하게 될 것이다.

★

우리의 시간은 유한하며, 그것을 얼마나 지혜롭게 사용하는지는 우리의 선택에 달려 있다. 90세가 되었을 때 후회로 가득한 삶이 아니라 만족과 성취감으로 가득 찬 삶을 살기 위해서는 지금 이 순간의 결정이 중요하다. 그러니 오늘부터라도 나의 시간 사용 패턴을 점검하고, 진정으로 가치 있는 것에 시간을 투자하는 습관을 길러 보자. 그것이 바로 성공적인 20대를 만드는 첫걸음이다.

한정된 시간을 효율적으로 사용하여 미래의 목표를 달성하자. 디지털 기기의 과도한 사용을 줄이고, 진정으로 가치 있는 활동에 시간을 투자하자.

- **스크린 타임 줄이기** : 스마트폰 사용시간을 관리하고, 불필요한 앱은 삭제하자. 방해금지 모드 등 스마트폰의 관리기능들을 적극적으로 활용하자.

- **시간 사용 패턴 분석하기** : 하루 동안의 시간 사용을 기록하고 개선점을 찾아보자.

- **우선순위 설정하기** : 중요한 일과 덜 중요한 일을 구분하여 시간 배분을 최적화하자.

- **자신에게 맞는 휴식 찾기** : 진정한 휴식을 취할 수 있는 방법을 찾아 실천하자.

- **계획적인 시간관리** : 일일, 주간, 월간 계획을 세워 목표를 체계적으로 달성하자.

세금과 회계 지식의 중요성

20대는 사회에 첫발을 내딛고 처음으로 돈을 벌기 시작하는 시기다. 아르바이트를 시작하거나 직장에 취직하여 정기적인 소득을 얻으면서 처음으로 세금을 접하게 된다. 그러나 대부분 세금에 대한 개념이 부족하거나 그 복잡함 때문에 혼란을 느낀다. 지금까지 세금은 단순히 의무로 여겼을 수 있지만, 제대로 이해하고 관리하면 줄일 수도 있다. 여기에서는 아르바이트생, 직장인, 프리랜서들이 세금을 어떻게 관리하고 납부해야 하는지, 그리고 세금과 회계에 대한 공부가 왜 중요한지에 대한 기본적인 내용을 다루고자 한다.

우리나라는 소득이 발생하면 세금을 내야 한다.

첫째, 아르바이트를 시작하면 내야 하는 세금

대부분의 20대는 아르바이트를 통해 첫 소득을 벌기 시작한다. 그런데 아르바이트생도 세금을 내야 한다. 기본적으로 아르바이트를 통해 벌어들이는 소득도 근로소득세의 대상이다. 아르바이트를 할 때, 고용주는 급여에서 소득세를 미리 공제해 국가에 납부한다. 아르바이트를 시작할 때 작성하는 근로계약서에는 고용주가 소득세를 얼마나 공제할지 명시되어 있다. 아르바이트생이 납부하는 세금과 공과금은 크게 두 가지로 나눌 수 있다.

- 근로소득세 : 고용주가 급여에서 공제해 납부하는 세금이다. 소득금액에 따라 세율이 달라지는데, 아르바이트생의 경우 소득이 적어 세율이 낮거나 세금을 안 내기도 한다.

- 4대 보험 : 국민연금, 건강보험, 고용보험, 산재보험으로 구성되며, 일정 소득 이상을 벌게 되면 이 또한 급여에서 공제된다. 이 부분도 고용주가 관리해 준다. 아르바이트생이 4대 보험에 가입해야 할 의무는 근로시간과 기간에 따라 정해진다.

아르바이트를 시작하면 급여에서 소득세와 4대 보험료가 공제되는 것을 확인할 수 있다. 그리고 2월이 되면 연말정산이라는 절차를 통해 전년도의 세금을 정산하게 된다. 아르바이트를 하며 지급된 급여와 공제된 세금을 다시 한번 확인하고, 요건이 되면 세금을 환급받을 수 있다. 연말정산은 고용주가 주도하여 진행하므로 아르바이트생은 필요한 서류만 준비해 제출하면 된다.

둘째, 직장인으로서 내야 하는 세금

직장인 역시 아르바이트생과 마찬가지로 급여에서 근로소득세와 4대 보험료가 자동으로 공제된다. 이때 직장인은 아르바이트의 경우보다 안정적이고 높은 소득을 받기 때문에 연말정산 과정에서 각종 공제나 비과세 혜택을 통해 불필요하게 낸 세금을 돌려받을 수 있다. 대표적인 공제 항목은 다음과 같다.

- 의료비공제 : 본인 및 가족이 낸 의료비의 일정 금액을 공제받을 수 있다.
- 교육비공제 : 본인 혹은 자녀의 교육비가 있으면 이를 공제받을 수 있다.
- 기부금공제 : 공익을 목적으로 한 기부금은 일정 비율 공

제받는다.

- 보험료공제 : 본인 혹은 가족이 납부한 생명보험이나 건
강보험료도 공제 대상이 된다.

이 외에도 여러 가지 공제 항목이 있으며, 이를 잘 활용하
면 세금을 줄일 수 있다. 직장인들은 고용주가 요청하는 연말
정산 관련 자료를 제출해 정산을 완료하고, 돌려받을 세금이
있으면 환급받게 된다. 특히 연말정산은 자신의 생활 패턴에
따라 추가로 혜택을 받을 수 있는 기회이기 때문에 꼼꼼히 살
펴야 한다.

셋째, 자영업자와 프리랜서로서 내야 하는 세금

자영업자나 프리랜서와 같이 회사에 소속되지 않은 사람
들은 스스로 세금을 신고해야 한다. 이를 종합소득세라고 하
는데, 종합소득세 신고는 5월에 진행되며 자영업자나 프리랜
서는 전년도에 벌어들인 소득을 기반으로 세금을 납부하거나
환급받게 된다.

또한 부가가치세 신고는 자영업자나 프리랜서가 자신의
서비스를 제공하고 받는 부가가치에 대해 부과되는 세금이다.
부가가치세는 분기마다 신고하며, 이를 통해 자금의 흐름을
관리할 수 있다. 이때 세금을 정확히 계산하고 납부하지 않으

면 추후에 가산세가 부과될 수 있다. 따라서 장부를 철저히 관리하여 세금 신고를 정확히 해야 한다.

★

세금 신고를 정확히 하기 위해서는 장부 관리가 필수이다. 장부는 소득과 지출을 기록한 문서로, 재무상태를 투명하게 파악하고 세금을 효율적으로 관리할 수 있게 돕는다. 예를 들어 프리랜서로 일할 경우, 사업에 필요한 지출이나 수입을 모두 기록해 두어야 세금 신고를 할 때 편리하다.

장부를 관리하는 가장 큰 이유는 세금 문제를 해결하기 위함이다. 세금 신고 시 필요한 증빙서류들은 장부를 통해 쉽게 확인할 수 있기 때문에, 장부 관리가 잘 되어 있지 않으면 세금을 제대로 신고할 수 없다. 또한 장부를 쓰면 자신의 재무상태를 한눈에 파악할 수 있어 어디에서 불필요한 지출이 발생하는지, 어디에 더 많은 투자가 필요한지 확인할 수 있다.

장부는 엑셀이나 회계 소프트웨어를 통해 작성할 수 있다. 수입과 지출 내역을 빠짐없이 기록하고, 필요한 서류를 꼼꼼히 정리하는 것이 중요하다. 이렇게 체계적으로 재정을 관리하면 세금 신고는 물론이고, 장기적인 재무계획을 세우는 데 큰 도움이 된다.

★

　재무관리를 위한 좋은 전략 중 하나로, 미국의 재무전문가 데이브 램지가 제시한 7단계 재무관리 방법을 소개한다. 이 방법은 빚을 갚고, 재정적 독립을 이루는 데 도움을 주는 간단하면서도 효과적인 로드맵이다.

① 긴급자금 마련하기 : 갑작스러운 지출에 대비하기 위해 최소 100만 원 이상의 비상자금을 준비하자.

② 빚 상환하기 : 모든 빚에 대해 작은 것부터 큰 것까지 차례로 갚아 나가는 눈덩이 방식(snowball method)을 적용한다.

③ 3~6개월 생활비 비상금 마련하기 : 예기치 않은 상황에 대비해 3~6개월 치의 생활비를 비상자금으로 모아 둔다.

④ 은퇴자금 저축하기 : 월 소득의 15%를 은퇴자금으로 저축한다.

⑤ 자녀 교육비 마련하기 : 자녀가 있을 경우, 그들의 교육비를 미리 준비한다.

⑥ 주택대출 상환하기 : 주택담보대출이 있다면 가능한 한 빨리 갚아 나간다.

⑦ 부 축적과 기부 : 재정적 안정 이후에는 자산을 더 늘리

고, 그 자산을 사회에 환원하는 기부를 한다.

★

20대에는 세금과 재무관리에 대해 확실히 알아두어야 한다. 아르바이트를 할 때부터 세금 신고의 기본을 이해하고, 직장인이 되면 연말정산과 공제 혜택을 최대한 활용해야 한다. 또한 자영업자나 프리랜서로 일할 경우에는 장부 관리를 철저히 해야 한다. 데이브 램지의 7단계 전략을 통해 재정적 독립을 이루고, 장기적인 재무계획을 세우며 더 나은 미래를 준비하자.

참고로 우리나라는 각 지역마다 세무서가 있고, 민원실이 잘 운영되고 있다. 나도 사업 초기 세금 신고 절차를 전혀 이해하지 못했을 때, 사업자통장 거래내역을 모두 인쇄하고 수입과 지출을 계산한 후 그 내역을 들고 세무서를 찾아가 도움을 요청했다. 민원실에 있는 공무원들이 너무나 친절하게 나의 모든 질문에 답해 주었고 복잡했던 세금 신고 과정을 도와줬다. 세금에 대해 모르는 부분이 있다면 세무서에 찾아가 물어보는 것도 좋은 방법이다.

세금과 회계 지식을 습득해 재정을 효율적으로 관리하고, 불필요한 세금 납부를 피하자.

- **세금 이해하기** : 근로소득세, 4대 보험 등의 기본 개념을 학습하자.
- **연말정산 적극 활용하기** : 공제 항목을 꼼꼼히 확인하여 환급받을 수 있는 세금을 돌려받자.
- **장부(가계부) 작성 습관화하기** : 수입과 지출을 기록하여 재무상태를 파악하자.
- **재정 목표 설정하기** : 장기적인 재무계획을 세우고 실행하자.
- **전문가 도움 받기** : 필요하면 회계사나 세무사의 조언을 구하자.

기본적인
법률 지식 쌓기

내가 스타트업을 창업했을 때 사람들은 내가 화려한 창업자의 삶을 살고 있다며 부러워했다. 혁신적인 아이디어로 회사를 이끌고, 투자자들과 미팅을 하며, 새로운 기회를 창출하는 모습만을 상상한 것이다. 그러나 현실은 그리 만만하지 않다. 내 시간의 반 이상은 계약서, 정부 공지, 법률 서류를 검토하고 작성하는 데 쓴다. 창업자가 되면 더더욱 계약서를 비롯한 법률문서와의 싸움이 일상이 된다. 여기에서는 창업자뿐만 아니라 20대 모두에게 법률 지식이 왜 중요한지, 그리고 법률 지식을 어떻게 습득할 수 있는지에 대해 이야기하려고 한다.

★

　우리는 일상생활에서 생각보다 많은 법률문서와 마주한다. 그중에서도 가장 흔한 법률문서가 계약서다. 사회생활을 시작하면 우선 계약서부터 잘 이해하고 있어야 한다. 계약서는 두 당사자가 서로의 권리와 의무를 정리한 문서로, 모든 거래와 합의의 기초가 된다. 창업을 하면 사업 파트너와의 계약, 직원 채용 계약, 투자자와의 계약, 그리고 고객과의 서비스 계약 등 다양한 계약서를 작성하고 검토하는 일이 필수이다. 하지만 창업을 하지 않더라도 계약서와는 계속 마주할 수밖에 없다. 예를 들어 임대차계약서는 집을 구할 때 반드시 작성해야 하는 문서다. 또 근로계약서는 취업할 때, 매매계약서는 물건을 살 때 작성한다.

　이때 계약서를 제대로 이해하지 않고 서명하는 일은 매우 위험하다. 계약서에 서명하면 그 계약서의 모든 조건에 동의하고 그에 따른 의무를 이행해야 한다. 계약서를 자세히 읽지 않고 서명했다가 나중에 불리한 조건을 발견하는 경우, 법적 보호를 받지 못할 수도 있다. 따라서 계약서의 기본 구조와 주요 항목들을 꼼꼼히 따져보는 것이 중요하다.

[계약서의 기본 구조]

· 계약 당사자 : 계약서에는 반드시 계약 당사자가 명시되어 있어야 한다. 이는 계약이 누구와 누구 사이에서 이루어지는지를 분명히 하기 위해서다.

· 계약 내용 : 계약서의 핵심으로 무엇을 주고받고, 어떤 의무를 수행해야 하는지를 명시하는 부분이다. 구체적으로 어떤 상품이나 서비스가 제공되는지, 대금은 얼마인지, 제공시기와 방식은 어떠한지를 자세히 확인해야 한다.

· 기한과 종료조건 : 계약의 유효기간과 종료조건이 명시되어야 한다. 계약이 언제 시작되고 언제 종료되는지, 그리고 어떤 경우에 계약을 조기종료할 수 있는지 확인해야 한다.

· 책임과 보상 : 만약 계약내용이 지켜지지 않았을 경우 누가 책임을 지고, 그에 따른 보상이 어떻게 이루어지는지에 대한 조건도 확인해야 한다.

★

20대에 사회에 발을 들여놓으면 가장 기본적인 법률문서부터 복잡한 상업계약서까지, 언제든지 법적 서류에 서명할 상황에 놓일 수 있다. 예를 들어 임대차계약서는 우리가 가장 자주 마주하는 법률문서 중 하나다. 집을 임대할 때 작성하는 이 계약서는 보증금, 임대료, 관리비, 계약기간 등 다양한 조건을 포함한다. 계약서를 꼼꼼히 읽고, 내가 무엇에 동의하고 서명하는지 반드시 이해하고 있어야 한다.

또한 취업할 때 작성하는 근로계약서도 매우 중요하다. 근로계약서는 회사와 근로자 간의 권리와 의무를 규정하는 문서로, 근로시간, 급여, 복지, 휴가 등의 조건이 포함된다. 만약 근로계약서에서 불리한 조건이 명시되어 있거나 법적으로 문제가 되는 조항이 있다면 이를 사전에 알아차리고 수정할 수 있어야 한다. 많은 사람이 계약서 작성을 단순한 형식적인 절차로 여기고 대충 서명하는데, 이는 매우 위험할 수 있다. 법적 문제나 분쟁이 발생했을 때, 계약서에 서명한 내용이 법적 근거로 사용되기 때문이다.

★

자영업자나 프리랜서라면 법률 지식은 그 무엇보다 중요하다. 자영업자는 회사의 대표로서 다양한 법적 책임을 지게 된다. 소규모 회사는 변호사를 고용할 여력이 부족하기 때문에 기본적인 법률 지식이 없다면 불리한 계약을 맺을 확률이 높아진다. 대표적인 예로, 투자자나 동업자와의 계약에서 불리한 조건을 수락할 경우 회사의 지분을 지나치게 많이 내주거나 중요한 의사결정권을 잃을 수 있다.

또한 자영업자가 자주 접하는 법률문서 중 하나가 채용계약서다. 채용계약서가 제대로 작성되지 않으면 근로자와의 갈등이 법적 분쟁으로 이어질 수 있다. 채용계약서에는 급여, 근무조건, 복지 혜택, 그리고 계약종료 등이 명시되어야 한다.

개인이 사업을 하면서 겪게 되는 또 하나의 법률 이슈는 소송이다. 사업을 운영하다 보면 예상치 못한 법적 분쟁에 휘말릴 수 있는데, 이때 법률 지식이 없다면 어떻게 대응해야 할지 막막하다. 물론 변호사를 고용하는 것이 가장 현명한 선택이지만, 법적 서류의 기본적인 구조와 내용을 이해하고 있으면 소송 과정에서 변호사와 더 효율적으로 소통할 수 있다.

★

그렇다면 20대는 법률 지식을 어떻게 공부해야 할까? 법률 전문가가 아니더라도, 다음과 같은 방법을 통해 기초적인 법률 지식을 습득할 수 있다.

① 온라인 강좌 : 유튜브나 네이버 등에서는 다양한 법률 강의를 무료로 제공하고 있다. 예를 들어 '임대차계약서 작성법' '근로계약서에서 주의해야 할 점' 등과 같은 주

제를 법률 전문가들이 쉽게 설명해 주는 강의를 찾아볼 수 있다.

② 정부 사이트 활용 : 대한민국 법제처나 국세청, 고용노동부 등의 정부기관 홈페이지에서는 기본적인 법률 지식과 계약서 관련 정보를 제공하고 있다. 이러한 정보를 통해 기초적인 법률 개념을 익히고, 필요한 법률서식을 내려받아 활용할 수 있다.

③ 법률 서적 : 서점에서 계약서 작성법, 소송 절차, 세법 등의 법률 관련 서적을 구입해 읽는 것도 좋은 방법이다. 초보자를 위한 쉬운 법률 서적도 많이 나와 있으므로, 이를 통해 기초적인 법률 개념을 이해할 수 있다.

★

기초적인 법률 지식 습득은 20대가 놓치기 쉬운 부분이지만, 인생에서 반드시 필요한 능력이다. 계약서 작성과 검토, 채용 및 근로 계약, 심지어 소송에 이르기까지 법률 지식은 우리가 일상에서 마주하는 수많은 문제를 해결하는 데 필수이다. 변호사의 도움을 받더라도 기본적인 법률 지식은 스스로 습득하는 것이 좋다. 이로써 자기 권리를 지키고, 삶에서 법적 리스크를 줄여 더욱 안전하고 현명한 결정을 해 나가자.

일상에서 마주하는 계약서나 법률문서를 이해하고, 자신의 권리와 의무를 명확히 확인하자.

- **계약서 꼼꼼히 읽기 :** 서명 전 계약서의 모든 내용을 자세히 확인하자.

- **기본 법률 지식 습득하기 :** 온라인 강의나 책을 통해 기본적인 법률 개념을 공부하자.

- **법률 정보 활용하기 :** 정부기관의 홈페이지를 통해 최신 법률 정보를 얻자.

- **법률 서식 익히기 :** 자주 사용하는 계약서나 동의서의 서식을 미리 알아두자.

- **전문가 상담하기 :** 복잡한 법률 문제는 변호사 등 전문가와 상의하자.

대출의 늪에 빠지지 말자

20대에 접어들면서 우리는 경제적인 독립을 시작하고, 스스로의 힘으로 삶을 꾸려가게 된다. 이 과정에서 돈의 원리를 제대로 이해하지 못하면 예상치 못한 재정적 어려움에 빠질 수 있다. 특히 신용카드 사용과 대출에 대한 이해가 부족하면 '대출의 늪'에 빠질 수 있다.

★

먼저 신용점수와 신용등급에 대해 알아보자. 신용점수는 금융기관이 개인의 신용도를 평가하기 위해 사용하는 지표로, 개인의 대출 상환능력과 신뢰도를 나타낸다. 이 점수는 신용카드 사용내역, 대출 상환기록, 연체이력 등을 기반으로 산출된다. 신용등급은 이러한 신용점수를 등급화한 것으로, 1등급부터 10등급까지 나뉜다. 신용등급이 좋을수록 금융거래에서 유리하다.

신용점수와 신용등급은 사회생활을 할 때 매우 중요하다. 예를 들어 은행에서 대출을 받을 때 신용등급이 높으면 낮은 이자율로 대출을 받을 수 있지만, 신용등급이 낮으면 높은 이자율을 적용받거나 대출이 거절될 수 있다. 또한 취업 시 일부 기업에서는 신용조회를 통해 지원자의 재무상태를 확인하기도 한다. 따라서 신용관리는 개인의 재정적인 신뢰도를 나타내는 중요한 요소다.

★

20대를 포함해 많은 사람이 당장 돈이 없을 때 신용카드를 사용한다. 신용카드는 편리한 결제수단이지만, 자신의 자산이상으로 사용하면 안 된다. 특히 카드론(단기 혹은 장기카드대출)이나 리볼빙(일부 결제금액 이월약정)을 사용하면 신용점수에 부정적인 영향을 미칠 수 있다.

카드론은 신용카드 회사에서 제공하는 현금 대출서비스로, 긴급한 자금이 필요할 때 쉽게 이용할 수 있다. 그러나 이자율이 높고, 장기간 상환해야 하므로 이자 부담이 크다. 또한 카드론 사용내역은 신용정보에 기록되어 신용점수를 현저히 낮출 수 있다. 리볼빙은 신용카드 결제대금 중 일부만 결제하고 나머지 금액은 다음 달로 이월하는 방식이다. 이는 일시적으로 결제 부담을 줄여주지만, 미결제금액에 대해 높은 이자가 부과된다. 지속적으로 리볼빙을 사용하면 채무가 눈덩이처럼 불어나게 되고, 신용점수에도 악영향을 미친다.

이러한 신용카드 대출은 단기적으로 자금 문제를 해결해주는 것처럼 보이지만, 중장기적으로는 재무상태를 악화시킨다. 신용카드 사용은 내가 가진 자산 범위 내에서 이루어져야 한다. 만약 부득이하게 대출이 필요하다면, 신용카드를 통한 대출을 피하고 은행을 방문해 상담을 받고 최선의 조건으로 대출을 받아야 한다. 은행 대출은 신용등급에 맞게 이자율과 상환조건이 조정되며, 신용점수에 미치는 영향도 상대적으로 적다.

★

대출을 받게 되면 일정 기간 동안 원리금을 상환해야 하며, 이는 매달 고정적인 지출로 이어진다. 만약 수입이 불규칙하거나 지출이 많아 상환에 어려움을 겪게 되면, 또 다른 대출을 받아 기존 대출을 갚는 악순환에 빠질 수 있다. 이를 '대출의 늪'이라고 한다. 대출의 늪에 빠지면 채무가 점점 늘어나 재정적인 자유를 잃게 되고, 신용불량자가 될 위험성이 높아진다.

대출을 받을 때는 금융기관의 종류를 잘 알아야 한다. 우리나라의 금융기관은 1금융권, 2금융권, 3금융권으로 구분된다.

- 1금융권 : 시중은행, 지방은행 등 일반 은행으로 구성되어 있으며, 안정성이 높고 이자율이 낮다. 대출조건이 엄격하지만, 신뢰할 수 있는 금융 서비스를 제공한다.
- 2금융권 : 저축은행, 신용협동조합, 새마을금고 등이 포함된다. 1금융권보다 이자율이 높고 대출조건이 완화되어 있지만, 이자 부담이 크다.
- 3금융권 : 대부업체나 사채시장 등으로, 이자율이 매우 높고 위험성이 크다. 법정 최고이자율을 적용받으며, 채무 불이행 시 강도 높은 추심이 이루어질 수 있다.

절대로 1금융권을 넘어서는 대출을 받지 말아야 한다. 2금융권과 3금융권의 대출은 높은 이자율 때문에 상환 부담이 커지고, 자칫하면 대출의 늪에 빠질 수 있다. 급한 상황이라도 1금융권과 상담하거나 지출을 줄이는 등의 방법을 먼저 고려해야 한다.

★

　　20대는 돈의 원리를 이해하고, 수입을 효과적으로 관리하는 것이 중요하다. 재무관리는 단순히 돈을 모으는 것이 아니라, 소비습관을 개선하고 미래를 계획하는 것부터 시작된다. 불필요한 지출을 줄이고, 예산을 세워 계획적인 소비를 실천해야 한다. 또한 재정 목표를 설정하고 그에 맞는 저축과 투자를 통해 미래를 대비해야 한다.

　　이를 위해서는 적금의 중요성을 인식해야 한다. 매달 일정 금액을 저축하는 적금은 목돈을 마련하는 데 도움이 된다. 특히 주택청약종합저축은 아파트를 구입할 계획이라면 반드시 가입해야 하는 상품이다. 일정 기간 이상 꾸준히 납입하면 아파트 분양 신청에서 우선권을 얻을 수 있다. 하루라도 빨리 시작하는 것이 유리하며, 월 납입금액을 설정해 꾸준히 저축하면 미래의 주거 안정을 도모할 수 있다.

　　또한 복리 효과를 이해하는 것도 중요하다. 복리는 원금에 이자가 붙고, 그 이자에 다시 이자가 붙는 방식으로, 시간이 지날수록 저축액이 기하급수적으로 증가한다. 따라서 작은 금액이라도 꾸준히 저축하면 장기적으로 큰 자산을 형성할 수 있다. 하루라도 빨리 저축을 시작하면 그만큼 복리의 효과를 더 크게 누릴 수 있다.

★

　돈은 우리의 삶에 많은 영향을 미치지만, 그것에 휘둘리지 않고 현명하게 관리하는 일은 우리의 선택에 달려 있다. 신용카드의 편리함에 현혹되지 말고, 자신의 재무상태를 정확히 파악하여 책임 있는 소비를 하자. 그리고 저축을 통해 미래를 대비하고, 불필요한 대출로 대출의 늪에 빠지지 않도록 주의해야 한다. 이러한 재무관리 습관은 20대부터 시작해야 재정적 안정과 성공을 더 효과적이고 수월하게 이룰 수 있다.

돈의 흐름과 대출의 위험성을 이해하고, 신용을 관리하여 재정적인 안정성을 확보하자.

- **신용카드 현명하게 사용하기** : 신용카드는 필요한 경우에만 사용하고, 일시불 결제를 원칙으로 하자.

- **신용점수 관리하기** : 연체 없이 대금을 제때 납부하여 신용등급을 유지하자.

- **무분별한 대출 피하기** : 1금융권 이외의 대출은 피하고, 대출 전에 충분히 고민하자.

- **저축 습관 기르기** : 적금이나 주택청약종합저축 등을 통해 미래를 준비하자.

- **재정 교육 받기** : 돈의 원리와 재테크에 대한 지식을 쌓아 재무관리 능력을 높이자.

마케팅으로
자신의 가치를 알리자

우리는 일상에서 소비자와 생산자의 역할을 동시에 수행하며 살아간다. 회사에 출근하며 커피를 살 때는 소비자의 역할을 하고, 회사에서 자신의 업무를 수행하며 가치를 창출할 때는 생산자의 역할을 한다. 하지만 많은 사람은 소비자로서의 삶에만 익숙해서 생산자로서의 능력을 발전시키는 데는 소홀하다. 특히 경제적으로 성공을 이루고자 한다면 단순히 무언가를 소비하는 데 그치지 않고, 무언가를 판매하고 마케팅할 수 있어야 한다.

마케팅 능력은 내가 제공하는 가치가 무엇인지 명확히 이해하고, 그것을 효과적으로 포장하여 타인에게 전달하며, 궁극적으로 상대방의 만족을 이끌어 내는 종합적인 능력이다. 마케팅 능력을 갖추면 자신의 아이디어나 제품, 서비스 등을 세상에 알리고, 그것을 통해 가치를 창출할 수 있다.

　　세계적인 경영학자이자 마케팅의 아버지로 불리는 필립 코틀러는 "마케팅은 단순히 판매하는 것이 아니라, 고객의 필요를 이해하고 그에 맞는 가치를 제공하는 것이다"라고 말했다. 이는 마케팅이 단순한 판매 기술이 아니라 고객 중심의 사고방식과 가치 제공에 기반을 두고 있음을 강조하는 말이다. 즉, 고객이 무엇을 원하는지 깊이 이해하고, 그 요구에 부합하는 해결책을 제시하는 일이 진정한 마케팅이다.

　　현대의 마케팅 구루로 알려진 세스 고딘은 "마케팅은 세상을 바꾸는 예술이다"라고 말했다. 그는 마케팅이 단순히 제품을 홍보하는 일이 아니라 사람들의 행동과 생각을 변화시켜 새로운 문화를 만들어 내는 힘을 가지고 있다고 주장한다. 따라서 마케팅 능력을 갖추면 단순히 판매실적 향상을 넘어 세상에 긍정적인 영향력을 가지게 된다.

★

마케팅 능력을 갖추려면 어떻게 해야 할까? 마케팅은 창의성과 분석력을 동시에 요구하는 일이다. 마케팅을 하려면 고객의 필요와 시장의 변화를 파악하기 위해 데이터를 분석하고, 그에 맞는 창의적인 전략을 수립해야 한다. 이를 위해서는 지속적인 학습과 트렌드 파악이 필수이다. 다양한 마케팅 사례를 공부하고, 실패와 성공의 원인을 분석하면 마케팅 역량을 향상시킬 수 있다.

무엇보다 마케팅 능력은 커뮤니케이션 능력과 직결된다. 타인과 효과적으로 소통하고, 자신의 아이디어를 명확하게 전달하는 것은 마케팅의 핵심이다. 이는 단순한 언어적 표현뿐만 아니라 비언어적 요소인 디자인, 영상, 이미지 등을 활용하는 능력도 포함된다. SNS가 소통 도구의 대세가 된 지금은 다양한 플랫폼을 통해 메시지를 전달할 수 있기 때문에 멀티미디어 활용 능력도 중요하다.

★

마케팅 능력은 여러 가지 요소로 구성되어 있다.

첫째, 가치를 포장하는 능력이다. 이는 내가 제공하는 제품이나 서비스의 장점과 특징을 명확히 파악하고, 그것을 매력적으로 표현하는 능력을 말한다. 여기에는 스토리텔링, 브랜

딩, 디자인 등이 포함된다. 예를 들어 애플은 단순한 전자제품이 아니라 혁신과 감성을 담은 브랜드 이미지를 통해 고객들에게 특별한 경험을 제공한다.

둘째, 가치를 전달하는 능력이다. 이는 적절한 채널과 방법을 통해 타깃 고객에게 효과적으로 메시지를 전달하는 능력을 말한다. 디지털 시대에는 소셜미디어, 온라인 광고, 이메일 마케팅 등 다양한 방법을 활용할 수 있다. 무엇보다 고객이 어디에서 정보를 얻는지 파악하고, 그들에게 맞는 방식으로 접근하는 태도가 중요하다.

셋째, 상대방을 만족시키는 능력이다. 이는 판매 이후의 과정까지 고려하는 일로, 고객 만족도와 충성도를 높이는 데 중요한 역할을 한다. 좋은 제품을 판매하는 것뿐만 아니라 훌륭한 고객서비스와 사후지원을 통해 고객과 지속적인 관계를 유지하는 것이 필요하다. 또 입소문을 통해 새로운 고객을 유치하는 데에도 큰 도움이 된다.

★

마케팅 능력은 개인의 삶에도 큰 힘을 발휘한다. 자신의 가치를 다른 사람들에게 알리고, 그것을 통해 새로운 기회와 인연을 만들어 낼 수 있다. 예를 들어 구직활동에서 자신의 역량과 경험을 효과적으로 어필하는 것도 일종의 마케팅이다. 소셜미디어를 통해 자신의 전문성을 공유하고 네트워크를 구축하는 것도 마케팅 능력의 한 부분이다.

일론 머스크는 자신의 비전을 효과적으로 전달하는 능력으로 유명하다. 그는 스페이스X와 테슬라를 통해 인류의 미래를 바꿀 혁신적인 아이디어를 제시하고, 이를 대중에게 설득력 있게 전달했다. 그의 마케팅 능력은 투자자와 고객의 관심을 끌었고, 거대한 프로젝트를 현실로 만드는 데 큰 역할을 했다.

★

경제적 성공을 이루기 위해서는 마케팅 능력을 반드시 갖추어야 한다. 마케팅 능력이란 자신의 가치를 창출하고 전달하며, 타인의 필요를 충족시키는 종합적인 능력이다. 이 능력을 키우려면 소비자의 관점에서 벗어나 생산자의 시선으로 세상을 바라보아야 한다. 또한 끊임없이 학습하고 도전하며 자신의 아이디어를 세상에 알리는 용기를 가져야 한다. 스스로에게 한번 물어보자. 지금 만약 나 자신을 마케팅한다면 무엇을 할 수 있을까?

소비자의 관점에서 벗어나 생산자의 시각으로 세상을 바라보며, 자신의 가치를 효과적으로 전달하는 마케팅 능력을 키우자.

- **가치 포장하기** : 자신의 아이디어나 프로젝트를 매력적으로 표현하는 방법을 연습하자.
- **시장 조사하기** : 타깃 고객의 니즈와 트렌드를 파악하여 전략을 수립하자.
- **스토리텔링 기술 익히기** : 감동적인 이야기로 사람들의 공감을 이끌어 내자.
- **디지털 마케팅 활용하기** : 소셜미디어, 블로그 등을 통해 자신의 콘텐츠를 홍보하자.
- **네트워킹 확장하기** : 다양한 사람들과 교류하며 마케팅 인사이트를 키워 나가자.

비즈니스 매너는
첫인상과 직결된다

사회생활을 시작하면서 우리는 수많은 사람을 만나고 다양한 상황에 직면한다. 이때 첫인상은 상대방에게 큰 영향을 미치며, 추후 관계 형성에도 중요한 역할을 한다. 특히 비즈니스 매너는 첫인상과 직결된다. 비즈니스 매너와 기본 에티켓을 숙지하면 초반에 큰 실수를 줄이고, 긍정적인 이미지를 심어줄 수 있다. 반면 기본적인 비즈니스 매너를 지키지 않으면 예상치 못한 불이익을 받을 수 있다.

비즈니스 매너는 단순한 예의범절을 넘어 프로페셔널한 태도와 신뢰를 쌓는 데 필수이다. 그렇다면 사회생활을 할 때 어떤 점들에 유의해야 할까?

★

첫째, 적절한 복장과 외모 관리

비즈니스 환경에서는 상황과 장소에 맞는 복장이 중요하다. 회사의 드레스 코드를 파악하고, 그에 맞게 의상을 선택해야 한다. 예를 들어 금융권이나 컨설팅 업계에서는 정장 차림이 기본이며, IT 업계나 스타트업에서는 스마트한 캐주얼을 선호한다. 깨끗하고 단정한 외모는 상대방에게 신뢰감을 주며 프로페셔널한 이미지를 형성하는 데 도움이 되고, 자신의 태도와 열정을 표현하는 중요한 수단이 된다.

나는 외출을 할 때 가급적 칼라가 있는 셔츠를 입는다. 추울 때는 그 셔츠 위에 니트를 입는다. 그렇게 하는 이유는 언제 어디서 누구를 만나게 될지 모른다는 생각 때문이다. 모두가 나처럼 행동할 필요는 없지만, 공공장소에서 자신을 어떻게 연출할지에 대해 항상 의식해야 한다고 생각한다.

둘째, 시간 약속 준수

시간을 지키는 일은 비즈니스 매너의 기본이다. 회의나 약속시간에 늦지 않는 것은 상대방에 대한 존중이며, 자신의 신뢰도를 높이는 방법이다. 만약 부득이하게 늦을 경우에는 미리 연락하여 예의 있게 양해를 구해야 한다.

셋째, 명함 교환과 인사

사회생활에서 명함은 자신을 소개하는 중요한 도구다. 명함을 줄 때는 두 손으로 공손하게 전달하고, 받은 명함은 바로 지갑에 넣지 않고 잠시 살펴보는 것이 예의다. 이는 상대방을 존중하고 관심을 기울인다는 의미를 전달한다. 이처럼 작은 행동 하나하나가 비즈니스 매너에서 큰 역할을 한다.

그런데 서구권에서는 기본적으로 명함 교환이란 문화가 없다. 처음에는 자연스럽게 대화를 시작하고, 어느 정도 대화가 마무리될 즈음 다음 기회에 또다시 대화를 나누고 싶다는 생각이 들면 그때 상대방에게 연락처가 담긴 카드가 있는지 물어본다. 자신의 명함이 없다면 대부분 링크드인(LinkedIn) 계정으로 연결하자고 제안한다. 그때 앱을 통해 검색해 찾은 그의 프로필이 맞는지 확인하고 연결 요청을 하면 된다.

넷째, 이메일 매너

비즈니스 커뮤니케이션에서는 이메일이 중요한 역할을 한다. 이메일을 작성할 때는 정중한 인사말과 명확한 목적, 그리고 간결한 내용 구성이 필요하다. 오탈자나 부적절한 표현은 신뢰도를 떨어뜨릴 수 있으므로 주의해야 한다. 이메일에서도 비즈니스 매너를 철저히 지키는 태도가 필요하다.

다섯째, 식사 매너

비즈니스 미팅이나 접대를 할 때는 식사를 함께하는 경우가 많다. 이때 식기 사용법과 식사 속도, 대화 예절 등 기본적인 식사 예절을 지키는 것은 상대방에게 좋은 인상을 줄 수 있는 기회다. 특히 해외 비즈니스에서는 문화 차이에 따른 식사 예절을 이해하고 존중하는 태도가 필수이다. 누구를 만나러 가든 그 문화를 사전에 공부해 가자.

여섯째, 경청과 공감

비즈니스에서는 자신의 의견을 전달하는 것도 중요하지만 상대방의 말을 경청하는 태도가 더욱 중요하다. 상대방의 말을 끊지 않고 끝까지 듣고, 그 내용에 대해 공감하고 적절한 피드백을 주면 좋다. 공감하는 태도 역시 협상의 성공에 중요한 역할을 한다.

일곱째, 비언어적 커뮤니케이션

말로 하는 표현 외에도 표정, 제스처, 자세 등 비언어적 요소가 커뮤니케이션에 큰 영향을 미친다. 상대방과의 눈 맞춤, 미소, 긍정적인 자세 등의 비언어적 커뮤니케이션은 상대방에게 자신의 진정성을 전달하는 강력한 도구이며, 이를 통해 비즈니스에서 긍정적인 인상을 남길 수 있다. 자신의 비언어적 표현을 의식하고 긍정적으로 활용하는 것도 중요하다.

여덟째, 문화적 차이의 이해

요즘은 다양한 국적과 문화적 배경을 가진 사람들과 함께 일할 기회가 많다. 이때 문화적 차이를 이해하고 존중하는 태도가 필요하다. 일부 문화에서는 직접적인 거절을 피하고 우회적인 표현을 선호하거나 특정 예절을 중시한다. 이러한 차이를 인지하지 못하면 오해가 발생할 수 있다.

아홉째, 감사와 인정의 표현

작은 일에도 감사의 마음을 표현하면 관계가 더욱 돈독해진다. 이메일이나 메모를 통해 감사의 뜻을 전하거나 공개적으로 인정해 주면 상대방에게 긍정적인 인상을 줄 수 있다.

감사의 표현은 개인뿐만 아니라 조직 전체의 분위기를 개선하고, 상대방과의 관계를 더욱 강화할 수 있는 중요한 매너다. 작은 배려가 큰 영향을 미칠 수 있음을 기억하고, 감사의 표현을 하면 좋다.

★

비즈니스 매너는 프로페셔널한 이미지와 신뢰를 구축하는 데 핵심적인 역할을 한다. 비즈니스 환경에서는 작은 실수로 큰 기회를 놓칠 수 있고, 반대로 작은 배려와 매너가 큰 성공을 가져올 수도 있다. 사회생활을 시작하는 20대라면 이러한 비즈니스 매너와 에티켓을 숙지해 첫인상을 좋게 하고, 더 나은 관계를 만들어 가자.

기본적인 비즈니스 매너와 에티켓을 숙지하여 프로페셔널한 이미지를 구축하고, 신뢰를 쌓아 성공적인 커리어를 만들어 가자.

- **적절한 복장 착용하기** : 상황과 회사 문화에 맞는 복장을 선택하자.

- **시간 엄수하기** : 약속 시간보다 5~10분 일찍 도착하여 준비하자.

- **명함 교환 예절 지키기** : 두 손으로 명함을 주고받고, 받은 명함은 바로 확인하자. 그리고 만난 당일에 명함을 받은 상대에게 연락을 남기자.

- **이메일 매너 지키기** : 정중한 표현과 정확한 내용을 담아 이메일을 작성하자.

- **식사 매너 지키기** : 기본적인 식사 예절을 지켜 상대방에게 좋은 인상을 남기자.

- **경청과 공감** : 상대방의 말을 끊지 않고 끝까지 듣고, 그 내용에 대해 공감하고 적절한 피드백을 주자.

- **비언어적 커뮤니케이션** : 상대방과의 눈 맞춤, 미소, 긍정적인 자세 등을 전달해 신뢰와 호감을 형성하자.

좋은 숙면은
경쟁력이다

20대에는 밤새우는 일을 자랑스럽게 여기고, 잠을 덜 자면서 여러 가지 일을 해내는 것을 능력으로 생각한다. 친구들 사이에서 누가 더 적게 자고 잘 버티는지 경쟁하듯 이야기하고, 밤새워 공부하거나 일하는 것을 마치 성취의 증거인 양 받아들이곤 한다. 물론 마감시간이 촉박해서 어쩔 수 없이 잠을 줄여야 하는 상황도 있다. 하지만 잠을 잘 자는 것이야말로 건강관리뿐만 아니라 최고의 성과를 낼 수 있는 가장 좋은 방법이다.

수면은 우리의 신체와 정신건강에 필수적인 역할을 한다.

충분한 수면을 취하지 않으면 집중력 저하, 기억력 감퇴, 면역력 약화 등 다양한 문제가 발생할 수 있다. 특히 20대는 학업과 일, 인간관계 등으로 바쁘게 지내기 때문에 수면의 중요성을 간과하기 쉽다. 하지만 이 시기에 형성된 수면 습관은 평생의 건강에 큰 영향을 미친다. 젊다고 해서 수면 부족에 영향을 받지 않는 것은 아니다. 오히려 이 시기에 누적된 수면 부족은 고질적인 건강 문제로 이어질 수 있다. 수면은 단순한 휴식이 아니라 우리의 신체 기능을 유지하고 정신적인 안정을 가져다주는 필수요소이다.

미국국립수면재단(National Sleep Foundation)은 성인의 적정 수면시간을 하루 7~9시간으로 권장하고 있다. 2015년에 발표된 수면시간 권고지침에 따르면, 18~25세의 청년은 최소 7시간 이상의 수면이 필요하다고 한다. 이는 우리의 뇌와 신체가 충분히 회복하고, 다음 날 최상의 컨디션을 유지하기 위해 필요한 시간이다.

수면이 6시간 이하로 부족할 경우, 다양한 건강 문제가 발생할 수 있다. 2018년 유럽심장학저널(European Heart Journal)에 발표된 연구에서는 수면시간이 짧은 사람은 심혈관 질환의 발병 위험이 높아진다는 결과를 보여주었다. 또한 수면 부족은 당뇨병, 비만, 우울증 등의 발병률을 높인다는 연구결과도 있다. 수면은 우리의 신체 대사와 호르몬 분비에 직접적인 영향을 미치기 때문이다.

8시간의 수면은 단순히 피로를 풀어주는 것을 넘어, 우리의 뇌 기능을 최적화하는 데 도움이 된다. 수면 중에는 뇌가 정보를 정리하고 기억을 강화하는 과정이 이루어진다. 하버드 의과대학의 연구에 따르면, 충분한 수면을 취한 사람들은 그렇지 않은 사람들에 비해 학습 능력과 문제해결 능력이 향상되었다고 한다. 이는 수면이 우리의 인지 기능과 직접적으로 연관되어 있음을 보여준다. 또한 창의력과 집중력도 충분한 수면을 통해 향상될 수 있다.

★

몇 시에 자고 일어나면 좋은지는 개인의 생활 패턴과 생체 리듬에 따라 다를 수 있다. 일반적으로는 밤 11시 이전에 취침하고 아침 7시경에 기상하는 것이 권장된다. 이런 패턴은 우리의 생체시계에 맞춰 멜라토닌 분비를 최적화하고, 깊은 수면을 취할 수 있게 해 준다. 빛에 민감한 멜라토닌 호르몬은 어두운 환경에서 더 많이 분비되므로, 늦은 밤까지 밝은 조명이나 스크린에 노출하는 일은 피해야 한다. 스마트폰이나 컴퓨터의 블루라이트는 수면을 방해하므로, 잠들기 전에는 사용을 자제하는 것이 바람직하다.

잠들기 전의 습관도 수면의 질에 영향을 미친다. 잠자리에 들기 최소 1시간 전에는 전자기기 사용을 줄이고, 대신 독서나 가벼운 스트레칭으로 몸과 마음을 이완시키면 좋다. 방은 최대한 어둡게 만들어야 깊은 숙면에 도움이 되니 암막 커튼을 치는 것도 추천한다. 카페인이나 알코올 섭취도 수면에 영향을 미칠 수 있으므로 저녁시간에는 피하는 편이 좋다. 이러한 작은 습관의 변화만으로도 수면의 질은 크게 향상될 수 있다.

무엇보다 남들이 늦게까지 깨어 있다고 해서 나도 따라 할 필요가 없다는 점이 중요하다. 각자의 신체 리듬과 필요한 수면시간은 다르다. 자신의 몸이 필요로 하는 수면시간을 파악하고, 그것을 지키는 일이 중요하다.

★

충분한 수면을 취하면 깨어 있는 시간 동안 더 높은 집중력과 생산성을 발휘할 수 있다. 이는 단순한 시간 절약이 아니라 효율과 성과로 연결된다. 적은 시간에 더 많은 일을 해내는 것이 진정한 능력이다.

잠을 잘 자면 대인관계에서도 긍정적인 영향을 미친다. 피로하고 예민한 상태에서는 타인과의 소통이 원활하지 않을 수 있지만, 충분한 휴식을 취하면 더 여유롭고 긍정적인 태도로 사람들을 대할 수 있다. 이는 인간관계의 질을 향상시키고, 사회생활에서도 성공적인 결과를 가져올 수 있다.

★

20대에 수면의 중요성을 인식하고 올바른 수면 습관을 들이려는 노력은 미래의 건강과 행복을 위한 투자다. 잠을 충분히 자는 것은 게으름이나 나약함의 표시가 아니다. 오히려 자신의 건강과 능력을 최대한 발휘하기 위한 현명한 선택이다. 오늘부터라도 충분한 수면을 취하고 활기찬 내일을 맞이해 보자. 숙면은 가장 기본적이면서도 강력한 자기관리의 시작이다. 나 자신을 사랑하고 존중하는 방법이며, 성공적인 인생을 살아가기 위한 첫걸음이다. 충분한 수면을 통해 더 큰 꿈을 꾸고, 그 꿈을 현실로 만들어 보자.

충분한 수면을 통해 신체와 정신의 건강을 유지하고, 최상의 컨디션으로 일상과 업무에 임하자.

- **수면시간 확보하기 :** 하루 7~9시간의 수면을 목표로 규칙적인 수면 습관을 가지자.
- **취침 전 습관 관리하기 :** 잠들기 전 전자기기 사용을 줄이고, 몸을 이완하는 활동을 하자.
- **수면환경 개선하기 :** 조명, 온도, 소음 등을 조절하여 편안한 수면환경을 만들자.
- **카페인 섭취 조절하기 :** 오후 시간 이후에는 카페인 음료 섭취를 피하자.

PART 4

도전

Challenges

작은 성공이 모여
큰 성공을 이룬다

우리는 종종 성공한 사람들의 화려한 순간만을 기억한다. 그들이 이룬 거대한 업적이나 대중의 주목을 받는 모습이 인상적으로 다가오기 때문이다. 하지만 그러한 성공 뒤에는 수많은 작은 성공들이 쌓여 있다는 사실을 간과하면 안 된다. 나도 처음부터 큰 무대를 꿈꾸며 기획 일을 시작했지만, 현실은 쉽지 않았다. 작은 교실에서 10명, 15명, 20명을 위한 강연을 기획하며 시작한 일이 오랜 시간이 지나 수천 명을 모으고, 수백만 명에게 나의 이야기를 공유할 수 있는 발판이 되었다.

고등학교 2학년 때 처음으로 강연을 기획했을 때, 운이 좋게도 첫 행사에 150명이 넘는 참석자들이 자리를 채웠다. 그이후 졸업하기 전까지 여러 차례 강연을 기획했고, 그중에는 10명 정도만 참석한 강연도 있었다. 비록 작은 규모였지만 내가 전하고자 하는 메시지를 전달할 수 있었고, 거기에서 얻은 성취감은 다음 도전을 위한 원동력이 되어 주었다. 그렇게 15명을 모으고, 다음에는 30명을 모으며, 점차 규모를 키워 나갔다. 한 명의 연사와 함께 시작한 강연은 시간이 흘러 14명의 연사와 1,500명의 청중이 함께하는 큰 행사로까지 성장했다. 물론 이 과정은 거의 10년에 걸친 노력의 결과였다.

그동안 수많은 강연을 기획하고 진행하면서 실패도 많이 경험했다. 예상보다 적은 인원이 참석하거나 티켓 판매 이후 부득이한 상황으로 행사를 취소하고 결제받은 입장료를 전액 환불한 적도 여러 번 있었다. 이러한 실패는 귀중한 교훈을 안겨 주었고, 다음에는 어떻게 하면 더 나은 결과를 얻을 수 있을지 고민하게 만들었다. 결국 이러한 작은 성공과 실패의 경험들이 쌓여 지금의 나를 만들었다.

★

그렇다면 작은 성공을 쌓는 일은 왜 중요할까?

첫째, 작은 성공은 자신감과 동기를 부여한다. 작은 목표를 달성함으로써 우리는 스스로에 대한 믿음을 키울 수 있다. 이는 더 큰 목표에 도전할 수 있는 용기를 준다. 예를 들어 소규모의 프로젝트를 성공적으로 완수하면 다음에는 더 큰 규모의 프로젝트에 도전할 수 있는 자신감이 생긴다.

둘째, 작은 성공은 경험과 노하우를 축적하는 데 도움이 된다. 작은 규모에서 시행착오를 겪으며 배운 것들은 큰 규모의 도전에서 실수를 줄이는 데 큰 역할을 한다. 나도 작은 강연을 통해 청중의 반응을 읽는 법, 효과적인 의사 전달방법, 행사 운영의 노하우 등을 습득할 수 있었다.

셋째, 작은 성공은 인맥과 네트워크를 형성하는 기회가 된다. 작은 성취를 통해 만난 사람들과의 인연이 쌓여 더 큰 기회를 만들 수 있고, 그들과의 협업이나 추천을 통해 더 많은 사람에게 다가갈 수 있다. 이는 단순한 인맥의 확장이 아니라 관계의 질적인 성장으로 이어진다.

넷째, 작은 성공은 꾸준함과 지속성을 기르는 데 도움이 된다. 큰 성공은 한 번에 이루어지지 않는다. 꾸준히 노력하고 계속해서 도전하는 과정에서 비로소 큰 성과를 얻을 수 있다. 또 작은 목표를 지속적으로 달성해 나가면서 인내심과 끈기를 배우게 된다.

현대사회는 한 번에 큰 성공을 추구하는 경향이 있지만, 실제로 지속 가능한 성공은 작은 발걸음에서 시작된다. 마이크로소프트, 애플, 구글과 같은 거대 기업들도 처음에는 작은 차고나 사무실에서 시작했다. 그들은 작은 성공을 거듭하며 성장을 이루어 냈고, 그 과정에서 얻은 경험과 노하우는 기업의 핵심자산이 되었다.

또한 작은 성공을 쌓는 과정에서 실패를 두려워하지 않는 태도를 기를 수 있다. 작은 규모에서의 실패는 비교적 피해가 적고, 이를 통해 배울 수 있는 점이 많다. 실패를 두려워하지 않고 도전하는 자세는 자기 성장에 필수이다. 실패를 경험함으로써 우리는 더욱 강해지고, 다음에는 같은 실수를 반복하지 않을 수 있다.

그리고 작은 성공은 나만의 스토리를 만들어 준다. 거대한 성공만을 목표로 삼으면 과정에서의 즐거움과 배움의 기회를 놓칠 수 있다. 작은 성공들을 통해 쌓아올린 경험들은 나만의 고유한 스토리가 되고, 이는 다른 사람들에게도 영감을 줄 수 있다. 나의 경험이 다른 이들에게 용기와 희망을 줄 수 있다는 점은 큰 기쁨이다.

작은 성공을 무시하지 말아야 한다. 큰 목표를 이루기 위해서는 작은 목표부터 차근차근 달성해 나가는 태도가 중요하다. 작은 성공을 쌓는 과정에서 우리는 성장하고, 더 큰 도전에 대비할 수 있게 된다. 이 과정에서의 노력과 경험은 그 어떤 것과도 바꿀 수 없는 소중한 자산이 된다.

지금 당장 큰 성공을 이루지 못했다고 해서 좌절할 필요는 없다. 작은 성공들을 모아 나만의 길을 만들어 가자. 그 길의 끝에서 우리는 자신이 꿈꾸던 모습과 만나게 될 것이다. 무릇 작은 성공들이 모여 큰 성공을 이루는 법이다.

큰 목표를 달성하기 위해서는 작은 성공을 꾸준히 쌓아가는 것이 중요하다. 작은 성취들이 모여 자신감을 높이고 더 큰 목표에 도전할 수 있는 기반을 마련한다.

- **작은 목표 설정하기 :** 달성 가능한 작은 목표를 정하고 하나씩 이루어 나가자.
- **성과 기록하기 :** 작은 성공을 일기나 노트에 기록해 성취감을 느끼자.
- **실패를 학습 기회로 삼기 :** 작은 실패에서도 교훈을 찾아 다음 도전에 활용하자.
- **꾸준함 유지하기 :** 작은 노력을 지속적으로 이어가며 습관화하자.
- **성공 축하하기 :** 작은 성취도 스스로를 칭찬하고 보상하며 동기부여를 높이자.

모르는 분야에
도전하기

살다 보면 예상치 못한 기회나 도전에 직면할 때가 있다. 그중에는 지금까지 경험해 보지 못한, 전혀 모르는 분야에 뛰어들어야 하는 상황도 발생한다. 이러한 순간에는 결심하고 뒤돌아보지 않을 용기가 필요하다. 그렇다고 해서 지금까지 쌓아온 모든 것을 완전히 포기해야 한다는 뜻은 아니다. 오히려 이전에 쌓은 경험과 지식을 어떻게 새로운 분야에 적용하고 활용할 수 있을지 고민해야 한다는 말이다.

내가 기획했던 강연 중에서 가장 기억에 남는 메시지는 나에게 가장 많은 영향을 주신 멘토 중 한 분이 말씀하신 "양손잡이가 되어야 한다"였다. 이 말을 듣고 처음에는 무슨 뜻인지 완전히 이해하지 못했다. 하지만 시간이 지나면서 그 의미를 깨닫게 되었다. '양손잡이(Ambidexterity)'는 양손을 모두 능숙하게 사용하는 것을 의미한다. 이를 비유적으로 해석하면, 한쪽 손으로는 기존의 것을 놓지 않으면서 다른 한쪽 손으로는 새로운 것을 잡을 수 있는 능력을 말한다. 즉, 우리는 지금까지 쌓아온 경험과 지식을 버리지 않고도 새로운 분야에 도전할 수 있다.

세상은 빠르게 변화하고 있다. 기존에 우리가 알고 있던 지식과 기술이 언제까지나 유효하리라는 보장은 없다. 하지만 그렇다고 해서 이전의 모든 것을 버리고 새로운 것만을 쫓는다면 현명하지 않다. 기존의 경험을 바탕으로 새로운 분야에서 가치를 창출하는 전략이 중요하다.

★

나는 강연과 행사를 오랫동안 기획하고, 사람들과 소통하며 많은 것을 배웠다. 새로운 분야에 도전할 때도 이 경험은 큰 자산이 되었다. 기획을 하며 배운 문제해결 능력, 소통 능력, 창의성은 새로운 분야에서의 창업에도 유용하게 활용할 수 있었다. 만약 내가 이전의 경험을 무시하고 완전히 새로운 시작을 했다면 더 많은 어려움에 직면했을 것이다.

모르는 분야에 뛰어들 때는 결심과 용기가 필요하다. 익숙한 것을 떠나 미지의 세계로 향하는 일은 누구에게나 두렵다. 하지만 그 두려움을 극복하고 한발 내딛는 순간, 우리는 성장할 수 있는 기회를 얻는다. 물론 이때 자신의 강점을 인식하고 그것을 어떻게 활용할지 고민해야 한다.

새로운 분야에 도전하려면 학습은 필수이다. 하지만 모든 것을 처음부터 다시 배우기보다는 기존의 지식을 기반으로 연결고리를 찾아내면 효과적이다. 이는 시간과 노력을 절약하고 더 빠르게 적응할 수 있게 해 준다.

결국 양손잡이가 된다는 뜻은 변화에 대한 유연성과 적응력을 의미한다. 기존 분야의 전문성과 새로운 분야의 지식을 결합하면 그 누구도 대체할 수 없는 고유한 가치를 만들어 낼 수 있다. 이런 가치는 커리어의 폭을 넓히고, 더 많은 기회를 얻는 데 도움이 된다.

물론 두 분야를 모두 능숙하게 다루기란 쉽지 않다. 때로는 균형을 맞추기 어려워 혼란스러울 수도 있다. 하지만 이러한 과정을 통해 더욱 다양한 시각을 갖게 되고, 복잡한 문제를 독창적인 방법으로 해결할 수 있게 된다.

아울러 모르는 분야에 뛰어들면 네트워크의 확장이 일어난다. 새로운 사람들을 만나서 그들의 경험과 지식을 배우며 성장할 수 있다. 이때도 이전에 쌓아온 인간관계와 소통 능력이 큰 도움이 된다. 사람들과의 연결고리는 언제나 성장에 큰 힘이 된다.

★

모르는 분야에 뛰어드는 일은 큰 도전이지만 동시에 큰 기회이기도 하다. 이때는 결심과 용기가 필요하며, 기존의 경험을 어떻게 활용할지에 대해서도 깊이 고민해야 한다. 양손잡이가 되어 새로운 것을 받아들이면서도 기존의 강점을 알고, 계속 변화하는 세상 속에서 유연하게 대응하며 자신만의 길을 찾아 성장해 보자.

새로운 분야에 도전할 때 기존의 경험과 지식을 활용하여 적응하고 성장하자. 양손잡이가 되어 이전의 것을 놓지 않으면서도 새로운 것을 받아들이는 유연성을 가지자.

- **기존 경험 연결하기** : 현재 가진 지식을 새로운 분야에 어떻게 적용할 수 있을지 고민하자.

- **학습 태도 유지하기** : 열린 마음으로 새로운 지식을 배우고 습득하자.

- **네트워크 확장하기** : 새로운 분야의 사람들과 교류하여 정보를 얻자.

- **작은 프로젝트 시작하기** : 부담 없는 작은 규모로 시작하여 경험을 쌓자.

- **유연성 기르기** : 변화에 대한 두려움을 극복하고 적응력을 높이자.

실패를 넘어서는 방법

살아가면서 누구나 실패를 경험한다. 이때 그 실패를 어떻게 받아들이고 극복하느냐가 중요하다. 성공한 사업가들도 예외는 아니다. 그들은 수많은 실패를 겪었지만, 그것을 발판 삼아 더욱 큰 성취를 이루어 냈다.

★

토마스 에디슨은 전구를 발명하기 위해 1만 번 이상 실험했다고 알려져 있다. 《해리 포터》 시리즈의 J.K. 롤링 작가는 책이 세상에 나오기까지 12곳의 출판사에서 거절을 당했다. 헨리 포드, 스티브 잡스, 마이클 조던 등 세계적으로 유명한 인물들도 모두 수많은 실패를 경험한 후 성공했다.

우리는 이러한 유명인들의 스토리를 들으며 성공에 대한 영감을 얻는다. 하지만 그들이 어떻게 실패를 극복하고 성공에 이르렀는지 구체적인 이유를 배우지 않고, 그들의 성공 신화 역시 이면에 존재한 수많은 실패들을 설명해 주지 않는다. 미국 노스웨스턴대학교 켈로그경영대학원의 다슌 왕 교수는 왜 일부 사람들은 실패를 딛고 성공하는 반면, 다른 이들은 그렇지 못한지를 연구했다. 그는 성공하는 이들과 단순히 도전만 반복하는 이들 사이의 차이를 수학적 모델로 분석한 결과, '성공의 비결은 이전의 실패로부터 배우는 것에 있다'고 발표했다.

우리가 아는 대부분의 성공 신화는 실패를 단순한 좌절이 아니라 성장의 발판으로 삼았다는 공통점이 있다. 그렇다면 실패를 어떻게 극복하는 것이 좋을까?

★

첫째, 실패를 받아들이고 분석하라. 실패를 인정하고 그 원인을 객관적으로 분석하는 태도가 중요하다. 감정에 휩싸여 자기비하에 빠지기보다는, 무엇이 잘못되었는지 파악하고 개선점을 찾아야 한다. 이렇게 하면 동일한 실수를 반복하지 않을 수 있다.

둘째, 긍정적인 마인드셋을 유지하라. 에디슨이나 잡스처럼 긍정적인 사고방식을 유지하면 실패를 극복하는 데 큰 힘이 된다. 실패를 끝이 아닌 과정의 일부로 받아들이고, 미래의 성공을 위한 준비단계로 생각하자.

셋째, 끈기와 열정을 잃지 마라. 수많은 거절에도 불구하고 꿈을 포기하지 않고, 끈기 있게 목표를 향해 나아가는 자세가 필요하다. 열정은 어려운 시기를 버틸 수 있는 원동력이 된다.

넷째, 주변의 지지와 조언을 구하라. 혼자서 모든 것을 해결하려고 하기보다는 주변의 도움을 받아보자. 멘토나 동료의 조언은 새로운 시각을 제공하며, 어려움을 극복하는 데 큰 도움이 된다.

다섯째, 새로운 도전을 두려워하지 마라. 실패 후에 다시 일어서는 일은 쉽지 않다. 그러나 새로운 도전을 통해 성장할 수 있다는 사실을 기억하자. 실패를 두려워하지 않는 용기가 필요하다.

여섯째, 배우고 발전하라. 실패는 배우고 성장할 수 있는 기회다. 필요한 기술이나 지식을 습득하여 자신을 발전시키자. 이는 미래의 성공을 위한 기반이 될 것이다.

일곱째, 작은 성공을 축적하라. 큰 목표를 이루기 전에 작은 목표를 설정하고 달성해 보자. 작은 성공들은 자신감을 회복하는 데 도움이 되며, 다시 도전할 수 있는 힘을 준다.

★

실패를 극복하는 일은 단순히 어려움을 견디는 것만을 의미하지 않는다. 그 과정 속에서 성장하고 발전하는 것이 중요하다. 성공한 사람들은 실패를 통해 더 강해지고, 새로운 기회를 발견했다. 실패는 끝이 아니라 새로운 시작이다. 실패를 어떻게 받아들이고 활용하느냐에 따라 우리의 미래는 달라질 수 있다.

실패를 두려워하지 말고 성장의 발판으로 삼자. 실패에서 배우고 다시 도전하는 자세가 성공으로 이어진다.

- **실패 인정하기** : 실패를 부정하지 말고 받아들이자.

- **원인 분석하기** : 실패의 이유를 객관적으로 분석하여 개선점을 찾자.

- **긍정적인 마인드 유지하기** : 실패를 경험으로 받아들이고 낙담하지 말자.

- **끈기와 열정** : 꿈을 포기하지 말고, 끈기 있게 목표를 향해 나아가자.

- **도움 구하기** : 주변의 멘토나 친구들에게 조언과 도움을 청하자.

- **다시 도전하기** : 배운 것을 바탕으로 새로운 목표에 도전하자.

- **학습하기** : 필요한 기술이나 지식을 습득하고 자신을 발전시키자.

- **작은 성공 축적하기** : 작은 성공으로 자신감을 회복하고, 다시 도전하는 힘을 키우자.

지금의 고통이
가장 쉬운 어려움이다

인생을 살아가다 보면 예상치 못한 어려움과 도전에 직면하게 된다. 그럴 때마다 나는 스스로에게 이렇게 말하곤 한다.

"지금 이 상황이 앞으로 겪을 어려움 중에서 가장 쉬울 거야."

이 단순한 문장이 내게 얼마나 큰 위로와 힘이 되었는지 모른다. 많은 사람이 실패나 역경을 겪을 때, 그것이 최악의 순간이라고 생각하지만, 나는 반대로 생각한다. 현재의 어려움은 미래의 더 큰 도전들에 대비할 수 있는 귀중한 경험이 될 것이라고 믿는다.

이런 긍정적인 마인드컨트롤은 단순한 자기위로를 넘어, 실제로 문제를 해결하는 데 큰 도움이 되었다. 긍정적인 사고방식은 어려운 상황에서도 희망을 잃지 않고, 해결책을 찾기 위한 동기를 부여해 주었다. 예를 들어 대학 시절 중요한 시험에서 낙제했을 때, 나는 그 실패를 통해 공부방법을 재정비하고, 더 효율적인 학습전략을 개발할 수 있었다. 이 과정에서 긍정적인 마인드셋이 없었다면, 좌절에 빠져 더 큰 실패를 반복했을지도 모른다.

★

어려운 순간을 잘 넘길 수 있는 긍정적인 접근방법 3가지를 소개한다.

첫째, 어려움을 객관적으로 바라보자.

감정에 치우치지 않고 상황을 냉정하게 분석하면 문제의 본질을 파악하여 효과적인 해결책을 찾을 수 있다. 예를 들어 프로젝트가 예상대로 진행되지 않을 때, 당황하거나 좌절하기보다는 문제의 원인을 분석하고 필요한 조치를 취하는 데 집중해 보자. 이렇게 객관적으로 상황을 바라보면 감정에 휘둘리지 않고 논리적으로 문제를 해결할 수 있다.

둘째, 문제를 작은 조각으로 나누어 하나씩 해결하자.

복잡하고 큰 문제는 그 자체로 압도적일 수 있지만, 이를 작은 단위로 분해하면 더 쉽게 관리하고 해결할 수 있다. 예를 들어 창업을 준비할 때, 한 번에 모든 것을 완벽하게 준비하려고 하기보다는 사업계획서 작성, 시장 조사, 자금 확보 등 각 단계를 나누어 하나씩 차근차근 진행해 보자. 이렇게 하면 각 단계에서 발생하는 문제를 효과적으로 해결할 수 있으며, 전체적인 진행상황도 더 명확하게 파악할 수 있다.

셋째, 최악의 상황을 가정하고 상황 개선을 위해 노력하자.

데일 카네기는《자기관리론》에서 걱정을 효과적으로 관리하고, 문제를 해결하기 위한 3단계 방법으로 '윌리스 캐리어의 공식'을 소개한다. 1단계에서는 스스로에게 '나에게 일어날 수 있는 최악의 상황이 무엇인가?'를 물어본다. 2단계에서는 그 최악의 상황을 받아들일 준비를 한다. 3단계에서는 침착하게 최악의 상황을 개선하기 위한 방법을 생각한다. 이처럼 최악의 상황을 인지하고 그에 대응하기 위해 준비한다면 마음도 편해지고 현실적으로도 문제해결에 도움이 된다.

★

지금 어려움을 겪고 있다면 그 어려움이 앞으로의 어려움들 중 가장 쉬울지 모른다. 상황을 이렇게 바라보면 큰 위로와 힘이 된다. 긍정적인 사고방식을 유지하고, 문제를 객관적으로 바라보며, 작은 단위로 나누어 문제를 해결해 나가면 작은 성공을 통해 자신감을 쌓아갈 수 있다.

이러한 마인드셋은 스트레스 관리에도 큰 도움이 된다. 어려운 상황에서 긍정적인 사고방식을 유지하면, 스트레스를 덜 느끼고 더 효과적으로 대처할 수 있다. 이는 전반적인 정신 건강에도 긍정적인 영향을 미치며 더욱 행복하고 만족스러운 삶을 살아가는 데 기여하고 자기효능감도 높여준다.

삶에서 만나는 수많은 도전과 실패를 어떻게 받아들이고, 그것을 통해 무엇을 배울 것인지가 중요하다. 스스로에게 긍정적인 메시지를 전해 보자.

현재의 어려움을 성장의 기회로 받아들이고, 긍정적인 마인드셋으로 미래의 더 큰 도전에 대비하자.

- **긍정적 사고 연습하기** : 어려움 속에서도 긍정적인 방향을 찾자.

- **문제 객관화하기** : 감정에 휩싸이지 않고 상황을 냉정하게 바라보자.

- **작은 단계로 나누기** : 큰 문제를 작은 단위로 분해하여 해결하자.

- **배움으로 전환하기** : 어려움에서 얻은 교훈을 미래에 활용하자.

번아웃은 언제, 어떻게 오는가

많은 20대가 학업, 직장, 인간관계 등에서 다양한 역할을 수행하느라 번아웃, 즉 소진증후군을 겪고 있다. 번아웃은 단순한 피로를 넘어 심리적·신체적 에너지가 고갈된 상태를 의미하며, 이는 삶의 질과 생산성에 심각한 영향을 미친다.

건강한 삶을 유지하고 성공적인 커리어를 쌓으려면 번아웃이 왜 오는지, 어떻게 극복할 수 있는지, 그리고 번아웃을 인지하는 일이 왜 중요한지를 알아야 한다.

★

번아웃의 원인은 다양하지만, 주로 직장이나 학업에서의

과도한 스트레스와 무기력감에서 비롯되는 경우가 많다. 심리학자 크리스티나 마슬라흐는 번아웃을 정의하며, 주로 3가지 증상으로 설명했다. 감정적 소진, 개인적 성취감의 저하, 그리고 탈인격화가 그것이다.

먼저 '감정적 소진'은 정서적 에너지가 고갈되어 더 이상 일을 지속할 수 없는 상태를 의미하며, '개인적 성취감의 저하'는 자신의 업무 능력에 대한 부정적인 평가로 나타난다. '탈인격화'는 타인에 대한 무관심이나 냉소적인 태도로 드러난다. 이러한 증상들이 복합적으로 나타나면서 번아웃은 더욱 심각하게 발전할 수 있다.

연구에 따르면 번아웃은 주로 과도한 업무 부담, 통제력 부족, 인정 부족, 공동체의 결여, 불공정한 대우, 그리고 개인의 가치와 직무의 불일치에서 비롯된다.

예를 들어 업무량이 지나치게 많거나 업무에 대한 통제권이 없는 경우, 개인은 지속적으로 스트레스를 경험하게 된다. 또한 자신의 노력을 충분히 인정받지 못하거나 동료 간의 협력이 부족한 환경에서도 번아웃이 발생할 확률이 높아진다. 이러한 환경적 요인들은 개인의 심리적 안정을 저해하고, 결국 번아웃으로 이어진다.

번아웃을 극복하기 위해서는 먼저 자신의 상태를 인지하는 것이 중요하다. 많은 사람이 번아웃의 초기 신호를 무시하거나 간과하지만, 조기에 인지하고 대응하면 장기적인 소진을 예방하는 데 도움이 된다. 번아웃의 징후로는 지속적인 피로감, 업무에 대한 무관심, 수면 장애, 집중력 저하, 그리고 신체적 증상 등이 있다. 이러한 신호를 무시하지 말고, 자신의 상태를 객관적으로 평가해야 한다.

번아웃을 극복하는 주요한 방법으로는 자기관리, 사회적 지원, 업무환경의 개선, 그리고 전문가의 도움, 작은 문제부터 해결하기 등이 있다.

첫째, 자기관리는 충분한 수면, 규칙적인 운동, 건강한 식습관 등을 통해 신체적·정신적 에너지를 회복하는 일이다. 연구에 따르면 규칙적인 신체활동은 스트레스를 줄이고 기분을 전환하는 효과가 있다.

둘째, 사회적 지원은 번아웃을 극복하는 데 중요한 역할을 한다. 친구나 가족과의 긍정적인 관계는 정서적 지지를 제공하며, 어려운 상황에서의 스트레스 해소에 도움을 준다. 또한 직장 내에서 동료나 상사와의 원활한 소통은 효율적인 업무 분장과 협력할 수 있는 환경을 조성하는 데 기여한다.

셋째, 업무환경의 개선은 번아웃 예방과 극복에 필수이다. 개인이 통제할 수 있는 업무요소를 최대한 확보하고, 현실적인 목표를 설정하며, 업무와 개인 생활의 균형을 맞추는 일이 중요하다. 예를 들어 업무시간을 관리하고, 휴식을 충분히 취하며, 필요한 경우 업무를 재조정하는 등의 노력이 필요하다.

넷째, 전문적인 도움을 받는 전략도 중요하다. 심리상담사나 정신건강 전문가와의 상담을 통해 번아웃의 원인을 깊이 이해하고, 효과적인 대처방안을 모색할 수 있다. 특히 번아웃이 심각한 경우에는 전문가의 도움을 받아 치료해야 한다. 몸이 안 좋아 병원을 찾아갈 때 부끄러워하지 않듯이, 심각한 무기력증을 겪을 때 전문가를 찾아가는 일은 절대 부끄러운 일이 아니다.

다섯째, 문제를 작은 단위로 나누어 해결하는 습관도 번아웃을 극복하는 데 도움이 된다. 큰 문제를 한꺼번에 해결하려고 하면 압도당할 수 있지만, 작은 목표를 설정하고 하나씩 달성해 나가면 성취감을 느끼며 점진적으로 문제를 해결할 수 있다. 이는 번아웃을 예방하고, 회복하는 과정에서 긍정적인 변화를 가져온다.

★

번아웃은 누구에게나 찾아올 수 있다. 다만 이를 어떻게 인지하고 극복하느냐에 따라 개인의 삶과 커리어에 미치는 영향이 달라진다. 번아웃을 사전에 예방하고 건강한 마인드셋을 유지하려면 긍정적인 사고방식을 가지고, 문제를 작은 단위로 나누어 해결하며, 자기관리와 사회적 지원, 또 조직 차원에서의 건강한 업무환경 조성 등에 힘써야 한다. 번아웃을 슬기롭게 예방하거나 대처해서 20대의 꿈과 도전을 건강하게 이어가자.

번아웃의 징후를 인지하고 적절한 대처를 통해 신체적·정신적 건강을 유지하자.

- **자기상태 점검하기** : 피로감, 무기력증 등의 증상을 주기적으로 확인하자.
- **휴식시간 확보하기** : 충분한 수면과 휴식을 통해 에너지를 회복하자.
- **스트레스 관리하기** : 운동, 명상 등으로 스트레스를 관리하자.
- **사회적 지원 받기** : 친구나 가족과 대화를 통해 정서적 지지를 얻자.
- **업무환경 개선하기** : 업무시간을 관리하고, 휴식을 충분히 취하며, 필요한 경우 업무를 재조정해 보자.
- **전문가 상담하기** : 심리적인 어려움이 지속되면 전문가의 도움을 구하자.
- **작은 문제부터 해결하기** : 작은 목표를 설정하고 하나씩 달성해 나가자.

한 가지에
집중하기

요즘 세상은 다방면에서의 성공을 요구하며, 이러한 기대 속에서 성장한 사람이 많다. 게다가 20대는 특히 여러 가지 목표에 동시에 도전하고자 하는 욕구가 강한 시기이다. 그러다 보니 나 역시 사업가로서 다양한 프로젝트와 역할을 동시에 수행하며 살아오고 있다. 그러나 언제나 느끼는 것은 멀티태스킹이 생각보다 어렵다는 사실이다.

멀티태스킹의 한계와 그로 인한 부작용은 과학적인 연구에서도 명확히 알 수 있다. 스탠포드대학교 심리학과 교수인 앤서니 와그너가 2018년 발표한 연구 논문에 따르면, 멀티태스킹은 실제로 단일 작업을 수행하는 것보다 시간이 더 많이 소요되고, 실수할 확률도 더 높다고 한다. 인간의 뇌는 본질적으로 한 번에 한 가지 일에 집중하도록 설계되어 있으며, 여러 작업을 동시에 처리하려고 할 때 각 작업 간의 전환비용이 발생한다. 이는 생산성을 저하시킬 뿐만 아니라 작업의 질에도 부정적인 영향을 미친다. 예를 들어 회의를 하면서 이메일을 작성하면 두 작업 모두의 집중력을 떨어뜨려 중요한 정보를 놓칠 수 있다.

또한 심리학자 애덤 그랜트의 연구는 멀티태스킹이 창의성과 문제해결 능력을 저하시킨다는 사실을 보여준다. 그랜트는 다양한 작업을 동시에 처리하는 것이 뇌의 창의적 사고를 방해하며, 깊이 있는 분석과 혁신적인 아이디어 도출을 어렵게 만든다고 주장했다. 이는 창의성이 요구되는 비즈니스 환경에서 특히 문제가 될 수 있기 때문에 멀티태스킹보다는 하나의 작업에 집중하는 것이 더 효과적이라고 말할 수 있다.

★

그럼에도 대학 시절은 많은 사람이 멀티태스킹을 시도한다. 다양한 관심사를 탐구하고 여러 분야에 도전할 수 있는 이상적인 시기이기 때문이다. 대학생은 아직 사회적 책임과 기대감이 비교적 적어서 여러 가지에 관심을 가지고 공부할 수 있다. 여러 분야를 경험함으로써 자신에게 맞는 분야를 찾고, 다양한 시각과 사고방식을 익힐 수 있다. 이를 통해 자신만의 역량을 발견하고, 나아가 자신의 진로를 설정하는 데도 큰 도움이 된다.

그러나 대학을 마치고 사회생활을 시작할 때는 상황이 달라진다. 사회에서는 특정 분야에서의 전문성과 깊이를 요구하기 때문이다. 20대 후반이 되면 최소 한두 가지 분야에서 명확한 능력을 갖추어야 한다. 여러 가지에 관심이 많고 다양한 일을 해 보는 자체는 가치가 있지만, 그즈음이 되면 자신의 강점을 발견하고 그것을 더욱 발전시키는 데 중점을 두어야 한다. 결국 자신만의 전문성을 키워 그 분야에서 두각을 나타내야 장기적인 성공에 더 유리해진다.

★

20대에는 무리하게 멀티태스킹을 하려는 태도보다 자신의 능력과 상황에 맞게 전략적으로 접근해야 한다. 예를 들어 본업과 관련된 프로젝트에 집중하면서도 개인의 성장과 발전을 위해 새로운 분야에 조금씩 도전하는 방식이 바람직하다. 그렇게 해야 자신의 역량을 확장시키고, 번아웃도 예방할 수 있다.

멀티태스킹이 어려운 만큼, 시간관리와 우선순위 설정이 중요하다. 중요한 일과 덜 중요한 일을 구분하고, 중요한 일에 더 많은 시간을 할애해야 효율성이 높아지고, 중요한 목표를 달성하는 데 집중할 수 있다.

★

20대는 여러 가지 일에 도전할 수 있지만, 정해진 시간에 여러 가지 일을 한꺼번에 처리하려고 하다 보면 집중력과 생산성이 저하된다. 무언가를 하려 할 때 한 가지에 집중하는 능력을 길러야 한다. 자신의 관심사를 존중하되, 전문성을 키우기 위한 전략적인 접근이 필요하다. 명확한 목표와 체계적인 계획, 우선순위 설정 등으로 더욱 안정적이고 성공적인 20대를 보내자.

멀티태스킹의 한계를 인식하고, 자신의 능력과 상황에 맞게 우선순위를 정해 한 가지 일에 집중함으로써 효율성과 성과를 높이자.

- **우선순위 설정하기** : 가장 중요한 목표를 설정하고 그에 집중하자.
- **시간관리 철저히 하기** : 계획표를 작성하여 각 작업에 할당된 시간을 지키자.
- **집중력 향상하기** : 작업환경을 정리하고 방해요소를 최소화하자.
- **휴식시간 확보하기** : 적절한 휴식을 통해 에너지와 집중력을 유지하자.
- **자신의 한계 인지하기** : 무리한 멀티태스킹을 피하고 현실적으로 수행 가능한 업무량을 파악하자.

스트레스를
관리하는 방법

20대는 학업, 직장, 인간관계 등에서 다양한 역할을 동시에 수행하며 살아간다. 하지만 이러한 다중 역할은 개인에게 성취감을 주고 동기부여가 될 수 있지만, 동시에 과도한 스트레스를 유발해 신체적·정신적으로 건강에 심각한 영향을 미칠 수 있다.

따라서 20대에게 유용하고 과학적으로 증명된 스트레스 관리방법을 익히는 일은 매우 중요하다. 이번에는 전문가들의 연구와 실제 사례를 바탕으로 스트레스를 관리하는 방법을 소개하고자 한다.

첫째, 마인드풀니스 연습

마인드풀니스(Mindfulness)는 현재 순간에 집중하고 자신의 감정을 객관적으로 인식하는 기술로, 스트레스를 줄이는 데 효과적이다. 심리학자 존 카밧진은 마인드풀니스 기반 스트레스 감소 프로그램(MBSR)을 개발하고, 수많은 연구를 통해 그 효과를 입증했다. 일상 속에서 간단한 호흡명상이나 신체감각에 집중하는 마인드풀니스 연습을 하면 마음의 평정에 도움이 된다.

둘째, 신체활동과 운동

미국심리학회(American Psychological Association)의 연구에 따르면 규칙적인 운동은 스트레스 호르몬인 코르티솔의 수치를 낮추고, 엔도르핀과 같은 행복 호르몬의 분비를 촉진하여 기분을 좋게 만든다. 유산소 운동, 요가, 필라테스 등 다양한 운동방식이 있으며, 자신에게 맞는 운동을 선택하여 꾸준히 실천하는 것이 중요하다. 운동은 신체적 건강뿐만 아니라 정신적 안정을 제공하여 스트레스 관리에 큰 도움을 준다.

셋째, 사회적 지지망 구축

인간은 사회적 동물로서 타인과의 관계에서 큰 위로와 힘을 얻는다. 심리학자 에이브러햄 매슬로는 인간의 기본욕구 중 하나로 소속감과 사랑을 강조했다. 친구나 가족과의 긍정적인 관계는 스트레스 상황에서 정서적 지지를 제공하며, 문제해결에 도움을 준다. 또한 동료나 멘토와의 네트워크도 스트레스 극복에 유리하다.

넷째, 시간관리와 우선순위 설정

많은 20대가 시간의 부족과 과도한 업무로 스트레스를 느낀다. 스티브 코비의 《성공한 사람들의 7가지 습관》에서 제시된 시간관리 원칙을 따르면, 중요한 일과 덜 중요한 일을 구분해 효율적으로 시간을 배분할 수 있다. 우선순위를 명확히 하고, 불필요한 업무나 활동을 줄여야 스트레스를 줄일 수 있다.

다섯째, 건강한 식습관과 수면

영양가 있는 식단과 충분한 수면은 신체와 정신의 회복을 돕는다. 잘못된 식습관은 에너지 저하와 잦은 기분의 변화를 초래할 수 있으며, 수면 부족은 스트레스 호르몬의 증가와 집중력 저하를 가져온다. 앞서 살펴봤듯이 미국국립수면재단은 성인의 경우 하루에 7 ~ 9시간의 수면을 권장하고 있으며, 규칙적인 수면 패턴을 유지하는 것이 중요하다고 강조한다. 또한 균형 잡힌 식단을 통해 신체에 영양소를 충분히 공급하는 것도 스트레스 해소에 도움이 된다.

여섯째, 취미와 여가 활동

자신의 흥미와 관심사를 발견하고, 이를 통해 즐거움을 찾는 활동은 스트레스를 해소하는 좋은 방법이다. 예술활동, 음악 감상, 독서, 여행 등 다양한 취미는 마음을 편안하게 하고, 일상에서 벗어나 재충전할 수 있는 시간을 제공한다. 심리학자 에이미 커디는 취미활동이 긍정적인 정서를 유도하고, 스트레스 상황에서의 회복력을 높인다고 설명한다.

일곱째, 자기 돌봄

바쁜 일상 속에서 자신을 위한 시간을 가지지 않으면 스트레스가 누적될 수 있다. 외부의 자극을 받지 않고 온전히 나 자신에 집중하며 신체와 마음을 릴랙스하면 좋다. 이는 번아웃을 예방하고, 지속 가능한 성과를 이루는 데 필수이다.

여덟째, 전문가의 도움 요청

지속적인 스트레스로 건강에 악영향을 미칠 때는 전문가

의 도움을 받자. 심리상담사나 정신건강 전문가를 통하면 스트레스의 원인을 깊이 이해하고, 효과적인 대처방안을 모색할 수 있다.

아홉째, 규칙적인 휴식과 재충전

바쁜 일상 속에서도 규칙적으로 휴식을 취하고, 재충전할 수 있는 시간을 가지자. 이는 지속적인 에너지와 집중력을 유지하는 데 도움이 되며, 장기적으로 스트레스를 관리할 수 있게 이끌어 준다.

★

지금까지 스트레스를 효과적으로 관리하는 방법을 알아보았다. 마인드풀니스, 신체활동, 사회적 지지망 구축, 시간관리, 건강한 식습관과 수면, 취미와 여가 활동, 자기 돌봄, 전문가의 도움, 규칙적인 휴식과 재충전 등을 통해 스트레스를 관리할 수 있다. 현대사회에서 스트레스는 피할 수 없는 요소이지만, 그 관리방법을 익히면 더욱 건강하고 행복한 20대를 꾸려갈 수 있다.

과학적으로 증명된 스트레스 관리방법을 실천하여 신체적·정신적 건강을 유지하고 삶의 질을 향상시키자.

- **마인드풀니스 연습하기** : 명상이나 호흡운동을 통해 현재에 집중하자.

- **규칙적인 운동하기** : 일주일에 최소 3번 이상 신체활동을 하자.

- **사회적 지지망 구축하기** : 친구나 가족과의 관계를 돈독히 하자.

- **시간관리하기** : 우선순위를 정하고 효율적으로 시간을 사용하자.

- **건강한 생활습관 유지하기** : 충분한 수면과 균형 잡힌 식단을 유지하자.

- **여가생활하기** : 자신의 흥미와 관심사를 발견하고, 이를 통해 즐거움을 찾아보자.

- **자기 자신 돌보기** : 명상, 요가, 따뜻한 목욕 등을 통해 신체와 마음을 릴랙스하자.

- **전문가 도움 받기** : 전문가의 도움을 받아 스트레스의 원인을 찾자.

- **재충전하기** : 바쁜 일상 속에서도 규칙적으로 휴식을 취하고, 재충전할 수 있는 시간을 가지자.

데드라인을
정하고 시작하자

우리는 새해가 되면 언어 공부를 새롭게 시작하거나 운동을 결심한다. 그러나 현실은 종종 우리의 의지를 시험한다. 처음 며칠은 열정적으로 시작하지만, 시간이 지날수록 열정은 사라지고 결국 흐지부지되고 만다. 이런 상황에 직면할 때 많은 사람은 자신의 그릿(GRIT)이 부족하다고 자책을 한다(펜실베이니아대학교 심리학과 교수인 앤절라 더크워스가 쓴 동명의 책으로 유명해진 '그릿'은 장기적인 목표를 이루기 위해 꾸준히 노력하고 역경을 극복하는 끈기와 열정을 의미한다).

물론 장기적으로는 그릿을 키우는 일이 필요하지만, 지금의 목표를 명확히 설정하고 그에 맞는 데드라인을 정하는 것이 더 중요하다. 데드라인은 목표 달성을 위한 구체적인 계획을 수립하고 실행으로 옮기게 한다.

★

나는 고등학교와 대학교 시절에 중국어를 꾸준히 공부했다. 중국어 고급과정에서 에세이를 쓰며 실력을 쌓아갔지만, 졸업 후에는 바쁜 일상 때문에 중국어 공부를 지속하기 어려웠다. 어느 날 차이나타운의 식당에 들어가 기본적인 주문도 제대로 하지 못하는 내 모습에 크게 실망했다. 그동안 "중국어를 공부해야지!"라고 말만 했을 뿐, 실제로는 아무런 노력도 하지 않았음을 깨달았다.

그래서 중국어 공부를 위한 나만의 데드라인을 설정했다. 그날 바로 중국어자격증시험인 HSK 시험에 등록했다. 시험 날짜가 정해졌고, 환불이 불가한 응시료까지 지불했기 때문에 이제는 미룰 수 없었다. 시험까지 몇 주가 남았는지 계산해 보았고, 매주 얼마나 공부해야 하는지 구체적으로 계획을 세웠다. 처음에는 목표가 너무 높아 보였지만, 체계적으로 계획을 세우고 실천에 옮기면서 점차 실력을 키울 수 있었다. 문제가 예상보다 조금 어렵게 출제되었지만 결국 합격했고, 현재는 더 높은 등급의 시험을 보기 위해 여전히 공부하고 있다.

목표를 설정할 때는 단순히 '하고 싶다'라는 감정에 의존하기보다는 명확한 데드라인을 정하고, 그에 맞춘 계획을 세워야 한다. 내 경험으로 보면 너무 큰 목표보다는 3개월이나 6개월처럼 단기목표 설정이 훨씬 효과가 있었다. 이러한 단기목표는 장기목표를 달성하기 위한 작은 발걸음이 되며, 매달 무엇을 해야 하는지, 매주 또는 매일 무엇을 해야 하는지 명확하게 계획할 수 있게 도와준다.

과학적인 연구도 이러한 접근방식을 지지한다. 목표설정이론(goal-setting theory)에 따르면, 구체적이고 도전적인 목표는 성과를 향상시키는 데 큰 역할을 한다. 특히 목표를 세우고 그에 따른 데드라인을 정하면 목표 달성을 위한 동기부여가 강화되고 집중력이 높아진다. 목표를 구체적으로 실행에 옮기게 되어 더 큰 효과를 발휘하기 때문이다. 데드라인을 정해 자신의 강점을 발견하고 발전시켜 나가자.

목표를 명확히 설정하고 구체적인 데드라인을 정해 계획적으로 행동함으로써 목표 달성의 가능성을 높이자.

- **구체적인 목표 설정하기** : 막연한 생각보다는 달성하고자 하는 목표를 명확하고 구체적으로 정하자. 예를 들어 '외국어 공부하기'보다는 '3개월 안에 중국어 회화 능력을 증명할 수 있는 실력을 어느 정도까지 향상시키기'처럼 구체화한다.

- **데드라인 정하기** : 목표 달성을 위한 기한을 명확히 설정하여 동기부여를 높이자. 기한이 있을 때 집중력과 효율성이 향상된다.

- **계획 세분화하기** : 목표를 작은 단위로 나누어 월별, 주별, 일별 계획을 세우자. 이렇게 하면 진행상황을 쉽게 파악하고 관리할 수 있다.

- **진행상황 점검하기** : 정기적으로 자신의 진행상황을 확인하고 필요한 경우 계획을 조정하자. 이는 목표 달성에 대한 책임감을 높이고, 지속적인 개선을 가능하게 한다.

- **동기부여 유지하기** : 목표를 향한 열정을 유지하기 위해 자신만의 보상체계를 마련하거나, 주변 사람들과 목표를 공유하여 응원을 받자.

두 단계 앞을 보는
습관을 기르자

우리는 성공적인 삶을 위해 목표를 설정하고 그곳을 향해 나아간다. 이때 진정한 성공을 이루기 위해서는 단순히 눈앞의 목표만을 바라보아서는 안 된다. 단기적인 목표와 계획도 중요하지만 '두 단계 앞을 보는' 사고방식을 가져야 한다. 즉, 큰 그림을 그리고, 이후에 다가올 기회를 미리 대비하는 전략이 필요하다.

내가 병원비용 검색엔진 관련 스타트업을 시작했을 때, 병원과 보험사에서 데이터를 수집하고, 그들과 협력관계를 맺는 일이 너무 힘들었다. 의료시스템이 너무 복잡한데다가 내부 프로세스를 충분히 이해하지 못한 채 사업에 뛰어들다 보니 예상보다 더 많은 시간과 노력이 필요했다. 그 경험을 하면서 '내가 만약 병원에서 2년 정도 근무하면서 내부시스템을 이해 한 뒤 창업을 했더라면 어땠을까?' 하고 생각해 보았다. 아마 그랬다면 더 빠르고 효율적으로 사업을 성장시킬 수 있었을 것 같았다. 그때의 경험으로 단순히 눈앞의 목표를 넘어, 한 단계 앞의 미래를 내다보는 사고방식이 중요하다는 사실을 깨달았다.

★

멀리 보는 전략적 사고는 스포츠 분야에서도 좋은 예를 찾을 수 있다. 2002년 한일 월드컵 당시 한국 대표팀을 이끌었던 거스 히딩크 감독의 사례가 대표적이다. 당시 한국이 이탈리아와의 16강전을 준비하고 있을 때, 히딩크 감독은 그다음 경기인 8강전 스페인과의 경기를 이미 대비하고 있었다. 당시 선수들은 히딩크 감독이 이탈리아전을 넘어 스페인전을 염두에 두고 훈련을 지시했다고 회고했다. 당장 눈앞의 경기도 중요하지만, 그 이후를 내다보는 전략이 한국의 월드컵 4강 신화를 이루는 데 큰 역할을 했다. 히딩크 감독은 더 큰 목표를 위해 철저하게 전략적 사고로 접근했던 것이다.

★

아마존의 성공적인 사례 역시 두 단계 앞을 보는 비전의 중요성을 잘 보여준다. 아마존은 온라인 서점으로 시작했지만, 이후 회사 내부시스템의 효율성을 극대화하기 위해 클라우드컴퓨팅 기술에 투자하기 시작했다. 이는 자사의 비즈니스 운영을 개선하기 위한 시도였지만, 아마존은 여기서 한걸음 더 나아가 이 기술을 외부 기업들에게도 제공하기로 했다. 이때 탄생한 것이 바로 아마존웹서비스(AWS)다. 아마존은 IT 인프라를 관리하고 대규모 데이터를 처리하는 AWS 기술을 발전시켜 외부 고객에게 제공함으로써, 단순한 온라인 리테일러에서 세계 최대의 클라우드컴퓨팅 기업으로 성장하게 되었다. 즉, 아마존은 두 단계 앞을 내다보며 새로운 시장을 창출하는 데 성공했다. 당시 대부분의 기업들이 전통적인 서버 운영방식을 고수하고 있을 때, 아마존은 클라우드컴퓨팅이라는 미래를 예견하고 이를 대비한 것이다. AWS는 현재 아마존의 주요 수익원 중 하나가 되었고, 아마존의 성장을 견인하고 있다.

★

두 단계 앞을 내다보는 사고방식은 20대의 성장에도 큰 도움이 된다. 어떤 새로운 도전을 할 때 단기적인 성과에만 집중하지 않고, 그 이후에 이어질 다음 단계들을 예측하고 준비해야 한다. 예를 들어 새로운 언어를 배우기로 결심했다고 해 보자. 대부분은 단순히 언어를 배우는 데에만 집중하지만, 두 단계 앞을 보는 사람은 그 언어를 통해 무엇을 할 수 있을지 미리 계획한다. 그들은 언어를 배우는 동시에 현지 문화를 체험하거나, 언어를 사용할 수 있는 실제 환경을 만들어 자신을 더욱 성장시킬 기회를 준비한다.

두 단계 앞을 본다는 의미는 단순히 더 많이 준비하라는 이야기가 아니다. 이는 전략적으로 사고하고, 현재의 목표가 장기적인 목표와 어떻게 연결되는지를 이해하라는 뜻이다. 만약 특정 기술을 배우기로 결심했다면, 그 기술이 미래에 어떻게 발전할지, 그 기술을 통해 새로운 기회를 어떻게 만들어 낼 수 있을지를 미리 고려해야 한다. 이를 통해 지금의 선택이 미래에 미칠 영향에 대해 더욱 명확히 이해할 수 있고, 그에 따라 더욱 전략적인 결정을 내릴 수 있게 된다.

두 단계 앞을 보는 사고방식은 실패에 대한 두려움도 줄여준다. 미래를 미리 예측하고 준비하는 과정에서 실패에 대처할 준비도 하게 되기 때문이다. 이는 실패를 통해 더 나은 계획을 세우고 성장의 기회로 삼을 수 있다는 뜻으로, 예기치 않은 상황에서도 흔들리지 않고 목표를 향해 나아갈 힘이 생기는 것과 같다.

또한 두 단계 앞을 보는 사고방식은 시간과 노력을 최적화하는 데에도 유용하다. 현재의 목표에만 몰두하는 사람들은 종종 중요한 기회를 놓치곤 한다. 하지만 현재의 행동이 미래의 기회와 어떻게 연결되는지 깊이 고민하는 사람은 현재의 시간을 더 효과적으로 사용할 수 있고, 장기적인 목표를 달성하는 데 필요한 자원을 전략적으로 배분할 수 있다.

★

결국 두 단계 앞을 내다보는 일은 단순히 먼 미래를 준비하라는 말이 아니다. 현재의 행동이 어떻게 미래의 성과로 이어질지를 전략적으로 이해하고, 이를 바탕으로 계획을 세우라는 뜻이다. 눈앞의 어려움만 보지 말고, 그 뒤에 있는 기회를 포착하고 준비해야 한다.

두 단계 앞을 보는 사고방식은 변화하는 세상 속에서 우리의 성장을 촉진할 수 있는 중요한 열쇠가 된다.

현재의 목표를 넘어 미래의 기회를 예측하고 대비함으로써 장기적인 성공을 이끌어 내자.

- **장기적인 비전 수립하기** : 자신의 커리어와 삶에 대한 큰 그림을 그리자.

- **전략적 계획 세우기** : 단기목표와 장기목표를 연계하여 계획을 수립하자.

- **미래 트렌드 파악하기** : 업계의 동향과 미래 가능성을 지속적으로 조사하자.

- **계속 학습하기** : 미래에 필요한 스킬과 지식을 미리 습득하자.

- **유연성 유지하기** : 변화하는 환경에 적응할 수 있도록 계획을 유연하게 조정하자.

장기적인 목표를
세우자

우리는 눈앞에 닥친 일들에 집중하고, 일상에서 마주하는 수많은 과제를 해결하느라 정신없이 하루하루를 보낸다. 특히 20대에는 학업, 취업, 대인관계 등 과제들이 끊임없이 밀려오기 때문에 장기적인 계획보다 당장의 문제를 해결하는 데 급급해지기 쉽다. 하지만 이 시기에 장기적인 목표를 설정해 두면 인생의 방향을 분명히 하고, 삶의 우선순위를 명확히 할 수 있다.

★

장기적인 목표 세우기는 단순히 미래를 그려보는 의미 그 이상이다. 그것은 자기 자신이 중요하게 여기는 가치와 목표를 명확히 하고, 그 목표를 향해 일관된 노력을 기울일 수 있도록 돕는다. 25살에는 어떤 사람이 되고 싶은가? 30살에는 어떤 모습이길 원하는가? 35살, 40살 이후에는 어떤 삶을 살고 싶은가?

이렇게 미래를 상상하는 일은 꿈을 현실로 만들기 위한 구체적인 로드맵을 그리는 작업이다. 이로써 우리는 자신이 진정으로 무엇을 원하는지, 어떤 방향으로 나아가야 하는지를 깊이 탐구할 수 있다.

★

장기적인 목표 설정의 중요성을 강조한 석학 중 한 명인 스티븐 코비는 그의 저서 《성공하는 사람들의 7가지 습관》에서 "끝을 생각하며 시작하라"는 말을 남겼다. 코비는 "우리가 인생에서 추구해야 할 최종 목표를 명확히 설정하고, 이를 중심으로 하루하루의 행동을 정렬할 때 비로소 진정한 성취를 이룰 수 있다"고 강조했다. 그의 주장에 따르면, 장기적인 목표가 없는 삶은 방향을 잃은 배와 같으며, 이는 결국 외부상황에 휘둘리며 자신이 원하는 곳에 도달하지 못할 위험을 내포하고 있다. 따라서 장기적인 목표를 세우는 일은 우리가 삶의 주도권을 쥐고, 스스로를 원하는 방향으로 이끌 수 있는 중요한 힘이 된다.

장기적인 목표를 세우면 현재의 행동과 결정을 더욱 의미 있게 할 수 있다. 예를 들어 25살에 나는 어떤 커리어를 쌓고 있을지, 30살에는 어느 정도의 경제적 독립을 이루고 있을지, 35살에는 어떤 사람들과 관계를 유지하며 어떤 가치를 추구 하면서 살아갈지 상상해 보는 과정은 그 자체로 자신을 깊게 이해하는 시간이 된다. 그리고 장기적인 목표를 설정하는 순 간, 그 목표를 이루기 위해 무엇을 해야 하는지, 어떤 습관을 길러야 하는지, 어떤 노력을 해야 하는지 명확해진다.

★

스탠포드대학교의 심리학자 캐롤 드웩은 《성공의 새로운 심리학》에서 목표 설정이 우리에게 얼마나 큰 힘을 주는지에 대해 설명한다. 그녀는 "성장 마인드셋(growth mindset)을 가진 사람들은 도전을 두려워하지 않으며, 실패를 성공을 향한 과 정으로 받아들인다"고 말한다. 이들은 장기적인 목표를 통해 어려운 상황에서도 지속적으로 노력할 수 있는 이유를 찾고, 끈기와 열정을 유지한다. 장기적인 목표가 없다면 일시적인 실패나 좌절 앞에서 쉽게 포기할 수 있지만, 목표가 분명한 사람들은 그 과정을 인내하며 결국에는 더 높은 성취를 이루게 된다.

또한 장기적인 목표는 삶의 방향을 재정비하고, 현재의 선택이 미래에 어떤 영향을 미칠지 한 번 더 생각하게 한다. 일례로 일론 머스크는 30대 때 스페이스X를 통해 화성에 인류를 정착시키겠다는 원대한 비전을 세웠다. 그의 목표는 단순히 로켓을 발사하는 것을 넘어, 인류가 다른 행성에 살 수 있도록 하는 데 있었다. 머스크의 목표가 대단히 장기적이고 현실적으로 실현하기 어려운 일처럼 보일지라도, 그 목표는 그의 모든 사업과 연구 방향을 이끄는 강력한 동력이 되었다. 그런 비전 덕분에 스페이스X는 전례 없는 기술적 성과를 이루었고, 민간 우주탐사의 새로운 장을 열었다. 머스크는 장기적인 목표를 통해 단순한 기업가에서 세계를 변화시키는 혁신가로 성장할 수 있었다.

장기적인 목표는 단지 큰 성취를 위한 지침서가 아니다. 이는 진정으로 원하는 삶의 방향을 정하고, 그 과정에서 직면하게 될 여러 갈림길에서 더 현명한 선택을 할 수 있도록 돕는 나침반과 같다. 특히 20대에는 이러한 목표 설정이 큰 도움이 된다. 현재의 시간과 노력을 더욱 전략적으로 투자할 수 있게 해주고, 목적 없이 방황하지 않도록 돕기 때문이다.

그렇다면 장기적인 목표를 세우는 과정에서 무엇이 중요할까?

우선 현실에 대해 유연성이 있어야 한다. 때로는 세운 목표가 현실과 맞지 않거나 예상치 못한 장애물에 부딪힐 때가 있다. 이럴 때는 목표를 이루기 위해 꾸준한 노력과 함께 상황에 맞게 목표를 재조정하는 유연한 자세가 중요하다. 목표는 단단한 돌이 아니라 필요에 따라 수정될 수 있어야 한다. 그래야 목표를 이루지 못했을 때도 그 과정을 통해 성장하고 배울 수 있다.

장기적인 목표를 세우는 일은 단지 희망사항을 적어두자는 이야기가 아니다. 진정으로 이루고 싶은 것을 명확히 하고, 그 목표를 향해 구체적인 계획을 세우며, 현재의 선택들이 모두 그 목표를 향해 나아가는 길임을 인식하자는 뜻이다. 그 과정에서 자신의 가능성을 믿고, 더 큰 성장을 이루기 위한 노력을 기울이게 될 것이다.

★

20대에 세운 장기적인 목표는 지금 이 순간을 의미 있게 만드는 열쇠가 된다. 지금 장기적인 목표를 그려보며 스스로에게 질문해 보자.

'30살의 나는 어떤 모습일까?'

'40살의 나는 무엇을 이루고 있을까?'

이 질문이 여러분의 미래를 빛나게 할 첫걸음이 될 수 있다.

장기적인 목표를 설정하여 삶의 방향성을 명확히 하고, 일관된 노력으로 원하는 미래를 만들어 가자.

- **목표 시각화하기** : 5년, 10년 후의 자신을 구체적으로 상상하고 기록하자.
- **목표 분해하기** : 장기 목표를 중기, 단기 목표로 나누어 단계별로 달성하자.
- **동기부여 유지하기** : 목표의 의미와 가치를 지속적으로 상기하자.
- **피드백 수용하기** : 진행과정에서 얻는 피드백을 바탕으로 계획을 보완하자.
- **자기계발 투자하기** : 목표 달성을 위해 필요한 역량을 키우는 데 시간을 투자하자.

에필로그

2023년 10월 《세상을 공부하다》를 출간한 후 부산의 한 라디오 방송에 출연했을 때 가장 좋아하는 영어 표현이 무엇이냐는 질문을 받았다. 여러 문구가 떠올랐지만, 'This too shall pass'라는 표현을 선택했다. 기쁨과 슬픔, 성공과 실패, 그 모든 것이 결국은 지나간다는 의미이다. 이 표현을 선택한 이유는 나의 20대를 돌아볼 때 좌절이 끝없이 이어질 것만 같았지만 결국 지나갔고, 그 시기를 통해 나는 더 단단해졌기 때문이다.

사회에 첫발을 들이면 많은 부조리와 불공평함을 마주하게 된다. 그럴 때마다 나는 'Play the game to win the game'이라는 말을 떠올린다. 세상의 불공정함에 불평하는 것은 쉽지만, 시스템을 바꾸기 위해선 그 시스템 안에서 힘을 키워야 한다. 외부에서 변화만을 바랄 게 아니라, 그 구조를 이해하고 내가

서 있는 자리에서 나만의 방식으로 성장을 이루어가야 한다. 불평에서 머무르기보다는, 내가 할 수 있는 역할에 최선을 다하며 영향력을 키워나갈 때 비로소 진정한 변화가 시작된다고 믿는다.

그런 점에서 20대는 어쩌면 인생에서 가장 자유롭고 가능성이 많으며, 중요한 인생 결정을 내리는 시기이다. 또 자신의 잠재력을 최대한 펼쳐 나가기 위한 기초를 닦고, 자기 자신을 깊이 알아가는 시간이다. 이 책에서 강조한 '배움' '관계' '능력' '도전'의 4가지 요소는 그 기초를 튼튼히 다지는 데 반드시 필요한 것들이다. 20대에 쌓은 배움은 평생의 자산이 되고, 그 속에서 맺는 관계들은 성장의 밑거름이 된다. 사회에서 맞닥뜨릴 다양한 문제들 속에서 우리는 이러한 배움과 능력이 얼마나 중요한지 느끼게 될 것이다.

나 역시 누구와 비교할 수 없는 다채로운 20대를 보냈다. 그때 겪었던 모든 기쁨, 상처, 지혜, 내공이 가장 잘 기억 날 때 이 글을 쓰고 싶었다. 이 책을 읽는 독자들 또한 저마다의 20대를 보내고 있을 것이다. 내가 이 책에 담은 내용이 여러분에게 작은 등불이 되기 바란다. 나를 포함해 이 시대를 살아가는 모든 청춘이 각자의 길을 꿋꿋하게 걸으며, 자신의 삶 속에서 진정한 가치를 발견해 나가길 진심으로 소망한다.

20대를 후회 없이 보내고 싶은 사람들을 위한 가이드
The 20's Manual

초판 1쇄 인쇄 2024년 11월 20일
초판 1쇄 발행 2024년 11월 30일

지은이 우태영
펴낸이 우태영
펴낸곳 블루북스미디어
등   록 2017년 12월 27일 제409-251002017000100호

주   소 경기도 김포시 김포한강11로 288-37
전   화 0507-0177-7438   **팩   스** 050-4022-0784

마케팅 백지수
유   통 ㈜천그루숲

ISBN 979-11-93000-61-8 (13320) 종이책
ISBN 979-11-93000-62-5 (15320) 전자책